KB057107

노장
사상

지은이 **박이문**(朴異汶)은 1930년에 충남 아산 출생으로 서울대 불문학과와 동 대학원을
졸업하고 프랑스 소르본 대학에서 불문학 박사학위를, 미국 남캘리포니아 대학에서 철학
박사학위를 취득했다. 이화여대 불문학과 조교수를 시작으로 프랑스, 독일, 일본 등지에
서 30여 년간 지적 탐구와 교편 생활을 거쳐 시몬스 대학 명예교수 및 포항공대 교양철학
부 교수를 역임하였다. 『시와 과학』『현상학과 분석철학』『하나만의 선택』『노장사상』
『인식과 실존』『예술철학』『명상의 공간』『삶에의 태도』『철학 전후』『우리 시대의 얼
굴』『문명의 위기와 문화의 전환』『이성은 죽지 않았다』『다시 찾은 파리 수첩』『철학의
여백』『이성의 시련』 등 40여 권의 저서와 논문이 있으며 『눈에 덮인 찰스 강변』『나비
의 꿈』『공백의 울림』 등의 시집이 있다.

노장 사상 개정판

초판 1쇄 발행 1980년 8월 15일
재판 1쇄 발행 2004년 8월 24일
재판 6쇄 발행 2018년 2월 14일

지은이 박이문
펴낸이 이광호
펴낸곳 ㈜**문학과지성사**
등록번호 제1993-000098호
주소 04034 서울 마포구 잔다리로7길 18(서교동 377-20)
전화 02)338-7224
영업 02)323-4180(편집) 02)338-7221(영업)
전자우편 moonji@moonji.com
홈페이지 www.moonji.com

ⓒ 박이문, 2004. Printed in Seoul, Korea.

ISBN 89-320-1533-3

노장사상

철 — 학 — 적 — 해 — 석

박이문 지음

문학과지성사
2004

소천(宵泉) 이헌구(李軒求) 선생님께

개
정
판
을

내
면
서

 1980년 나는 작은 부피의 책 『노장 사상』을 출판할 기회를 가질 수 있었다. 그것은 의외로 많은 독자로부터 꾸준히 좋은 반응을 얻어 학술적 서적에 속하는 것임에도 불구하고 그동안 18쇄를 거듭하게 되었다. 이 책은 그 책의 개정판이다.

 이 개정판의 내용은 다음 세 가지 점에서 초판과 다르다. 첫째, 초판에 있었던 적지 않은 오자, 서툰 어휘 및 문장을 약간 다듬었고, 둘째, 원래의 판에서 사용된 많은 한자(漢字)를 모두 한글로 바꾸었으며, 셋째, '도와 이성—동서철학: 사유의 두 양상'이란 제목의 논문을 첨가했다.
 첫번째 변경 이유는 설명을 필요로 하지 않지만 나머지

두 가지 변경 이유는 이렇다. 두번째 변경의 이유는 단순하다. 새로운 세대의 독서층을 위해서이다. 독자층이 어느덧 거의 완전히 한글 세대로 바뀜에 따라 한문자가 많이 섞인 원래의 판은 그들에게는 거의 외국어 서적 같은 성격을 띰으로써 접근하기 어렵게 하였다. 이 한글 세대는 10대, 20대는 말할 것도 없고 30대, 아니 40대 초반까지가 이미 포함되어 있었던 것 같다. 마지막 세번째 변경 이유는 새롭게 첨가한 논문이 이 책에서 내가 부각시키고자 하는 노장 사상이 각기 동서 사상의 일반적 특성의 비교를 통해 볼 때 더욱 쉽게 파악될 수 있다고 생각되었기 때문이다. 이 논문은 원래 1994년 숭실대학 인문학연구소에서 강연했던 것을 정리하여 같은 해 겨울 계간 『세계의문학』에 일단 발표한 것이 필자의 저서 『문명의 위기와 문화의 전환』에 수록된 것이다.

만약 많은 분들의 도움이 없었더라면 위와 같은 작업을 필요로 했던 개정판은 나오지 못했을 것이다. 그분들 가운데 나는 특히 다음과 같은 분들에게 이 지면을 빌려 각별한 감사의 뜻을 전하고 싶다.

우선 연세대에서 함께 교편을 잡고 계신 이강수(李康

修) 교수를 들고 싶다. 초판에 인용한 『장자(莊子)』의 글들은 원래 김동성(金東成) 번역에 의존했었는데 이 교수는 각별히 이 책을 위해서 대부분 새롭게 그리고 보다 정확하게 번역해주셨다. 그분이 텍스트 『장자』를 거의 암기하고 계신 것을 발견하고 놀랐고 그분의 학식의 깊이에 감탄했다.

이 개정판을 위해서 오랫동안 수많고 복잡한 기술적 잡일을 돌보아주시고 원고의 교정을 꼼꼼히 보아주신 출판사 여러 분들에게 진심으로 고마움을 표시하고 싶다. 물론 문학과지성사 사장, 채호기님을 빠뜨릴 수 없다. 그분의 용단이 없었더라면 이 개정판은 꿈에서도 볼 수 없었을 것이다.

2004년 8월 일산 문촌마을

저자

한문학자가 아니며, 동양철학자도 아님은 물론 어떤 의미로서나 제대로 돼먹은 철학자도 아닌 내가 이 에세이를 썼다는 것은 철없이 저지른 당돌한 짓이며, 터무니없는 엉터리 생각인 줄을 나는 잘 의식하고 있다. 그러면서도 내가 이러한 일을 감히 저질러놓고 이것을 세상에 발표하는 이유는 첫째, 무엇보다도 내가 노장 사상에 늦게나마 매혹을 느꼈으며, 둘째, 노장 사상이 순수한 철학적 입장에서나 이데올로기 즉 이념적인 관점에서 극히 현대적 의미를 갖고 있다고 믿었기 때문이다.

이 에세이는 학술적인 연구의 결과로서 씌어진 것이 아니다. 그러한 것은 한문에 능하지 못한 나의 능력 밖에 있다. 내가 여기서 뜻하는 것은 나 나름대로 현대적인 안목에서 언뜻 보기에 깊이는 있지만 무슨 소리인지 분명치 않은 노장 사상을 하나의 일관성 있는 체계를 갖춘 사상으로 파악해보자는 데 그친다. 그러므로 이 에세이는 좁은 의미에서 학술적 연구라고 할 수는 없다. 오로지 하나의 사색의 작은 결실에 불과하다. 그러나 이 에세이가 노장 사상을 보는 하나의 관점일 수 있다는 것이 독자에게 납득이 되고, 그럼으로써 노장을 애호하는 많은 독자에게 다소나마 노장을 읽는 서투른 안내의 역할을 할 수 있다면 나로서는 그 이상 더 큰 만족을 바랄 수 없다.

『노자(老子)』나 『장자(莊子)』의 텍스트에서 그들의 사상을 이해하는 데 핵심적이라고 생각되면서도 그 의미가 선명치 않은 몇 군데 구절이 있었다. 이러던 차에 타이베이 대학(臺灣大學)과 일본 도쿄 대학(東京大學)에서 중국 철학을 공부하고 현재 하버드 대학에서 정약용(丁若鏞)의 사상으로 박사 학위 준비를 하고 있는 김용옥(金容沃) 씨를 만난 것은 극히 다행한 일이었다. 나는 그로부터 원문을 통해서 몇 번이고 되풀이하면서 자세하고도 정확한 설명을 듣고 많은 것을 비로소 깨쳤다. 나는 젊은 그의 학력(學力)에 큰 인상을 받았다. 만약 내가 그를 만나지 않고 그로부터 배우지 않았던들 나는 이 에세이에 쉽사리 손을 대지 못했을 것이다. 그러므로 나는 이 자리를 빌려 그에게 깊은 사의를 표하는 바이다. 그러나 만약 여기서 노장의 구절을 잘못 해석하고 엉뚱한 데서 인용했다면, 그러한 과오는 오로지 나의 책임임을 밝혀두고 싶다.

인용문으로 말하자면, 『장자』에 한해서는 김동성(金東成) 역(譯), 『장자』(을유문화사, 1963년판)에 전적으로 의지하고, 『노자』에 한해서는 노태준(盧台俊) 역, 『노자』(홍신문화사, 1976년판)와 몇 가지 영역(英譯)을 참고로 삼아 사용했다. 그리고 『장자』의 인용문은 출처의 페이지 수를 밝혔으나 『노자』의 인용문은 그럴 필요가 없이 다만 '장(章)'만 밝혀두기로 했다.

1980년 7월 미국 케임브리지에서

저자

노 장 사 상 _ 차 례

1 문제와 방법

문제

내가 아직도 퍽 어렸을 시절이었다. 할아버지께서는 시골 대청에 우리 꼬마들을 앉혀놓으시고 동네가 흔들릴 만큼 우렁찬 음성으로 많은 한시(漢詩)를 외우시곤 하셨다. 이제 뒤돌아 생각해보니까 그가 들려주시던 한시 가운데는 노자나 장자의 구절들이 있었던 것 같다. 그럴 때마다 나는 그 자리에서 도망쳐서 밖에 튀어나와 잠자리를 쫓고 개천가에서 물장난하기에 바쁘기가 일쑤였다. 내가 할아버지의 한시에 대해서, 그리고 할아버지의 말씀에 대해서 전혀 관심을 갖지 않았던 것은 내가 아직도 철없는 장난꾸러기 때문이었기도 했겠지만, 그 당시 모든 우리들의 옛

것, 할아버지가 말씀하시는 모든 것들은 이미 케케묵고 낡아빠진 아무 가치가 없는 것이라는 그릇된 선입관을 갖고 있었기 때문이었던 것 같다. 할아버지가 작고하신 다음, 역시 이미 타계하신 지 몇 년이 되는 아버지께서도 식구들이 모인 자리에서 가끔 장자의 여러 가지 재담을 하시면서 퍽 신명나시고 재미있어하시곤 했었다. 이 무렵까지도 나는 노자나 장자에 대해서는 물론 동양 고전에 대해서 별로 관심이 없었다.

내가 노장을 처음으로 읽게 된 것은 직업적 필요에 의해서였다. 나의 전공이 서양 철학이지만, 내가 가르치고 있는 미국 학생들이 동양 철학을 알고 싶다고 했었는데 내가 동양 사람이니만큼 내가 그것을 맡아야 하겠다는 공론이 서게 되었던 것이다. 약 7년 전 이와 같이해서 나는 강의 준비차 인도 사상과 더불어 노자와 장자를 미국에서 처음으로 읽게 되었다. 그것은 처음에는 영어 번역을 통해서였고 그후 우리말 그리고 일역(日譯)을 참작해서 읽게 되었다. 처음에는 반갑지 않던 직업적 의무는 지금 생각하면 퍽 다행한 결과가 됐다. 나는 노장 사상에 차츰 떼어버릴 수 없는 매력을 느끼게 되었던 것이다. 특히 장자에서 나는 호탕한 멋을 맛보고 시원한 즐거움을 감출 수 없다. 잘은 모르지만 새로운 세계를 발견했다는 기쁨, 아니 잊어버린 보물을 다시 찾았다는 기쁨을 숨길 수가 없었다. 진작 깨달아서 일찍이 할아버지와 아버지의 가르침에 귀를 기울이지 않고 낭비한 시간이 뉘우쳐질 뿐이다. 그러나 늦게나마 노장 사상을 접하게 되고 나대로 다소나마 이해하게 됐다는 것은 퍽 다행한 일이다.

노장 사상이 위대한 사상이라는 것은 막연하나마 늘 들어온 바이다. 우리 할아버지와 아버지의 예로써 짐작할 수 있듯이, 적어도 동양에서는 공자나 맹자와 더불어, 아니 그들과 대조되어 약 2천 년 동안 항상 노자와 장자의 말이 인용된다는 것으로도 충분히 짐작된다. 구체적인 과학적 증거는 없지만 동양인, 즉 중국 · 한국 · 일본인의 정신 생활의 밑바닥에 깔려 있는 세계관 · 종교관 · 인생관 · 가치관에는 기독교나 불교는 물론, 공자나 맹자의 사상에 앞서, 아니 그 밑바닥에 노장의 사상이 깔려 있는 것으로 추측된다. 하기야 공자 자신도 심층적 심성에는 도가적인 인간이었다. 노장에 매혹당하는 것은 동양뿐만이 아니다. 그것은 이미 오래전부터 많은 서양인의 마음을 매혹했고, 오늘날에 더욱 많은 서양인들의 마음을 끌고 있다는 것은 속일 수 없는 사실이다.

이와 같은 노장 사상이 극히 동양적인 것이면서 시간과 장소를 떠나서 빛나는 인류 보편적인 차원을 갖고 있는 위

대한 사상임을 증명해주는 것이다. 노장 사상은 동양의 정신적 살인 동시에 피이며, 인류 공통의 정신적 양식이다.

그렇다면 노장 사상은 과연 무엇인가? 그것이 동양인뿐만 아니라 모든 인간의 마음에 울려오고 그들을 매혹한다면, 그 보편적이며 본질적인 이유는 무엇인가? 그것이 심오한 사상이라면 그 근거는 어디에 있는가?

노장 사상에 대한 수많은 저서는 단편적인 해설이나 극히 학술적인 주석 고증에 그치고 만다. 최근에 분석철학자인 아서 댄토가 그의 저서 『신비주의와 윤리』[1]에서 종합적이고 체계적인 설명을 꾀했으나 그것은 너무나 간략하고 피상적인 것으로 그치고 말았다. 그렇기 때문에 우리는 아직도 체계가 확실한 노장 사상의 분석적인 설명을 갖지 못하고 따라서 우리들의 그러한 문제의 대답으로 우리는 흔히 『도덕경(道德經)』, 즉 『노자』나 『장자』에서 단편적인 인용을 든다. 그리고 우리는 그것에 감탄하고 박수를 보낸다. 이와 같이하여 우리는 단편적인 대답으로 만족하려는 경향이 있다. 사실 필자가 알기에는 분석적이고 체계적인 노장 사상의 해설을 본 적이 없다. 그 사상에 대한 이해와 평가는 언제나 단편적인 성격을 뛰어넘을 수 없는 정도에

---

[1] Arthur Danto, *Mysticism and Morality*, Harper & Row, 1972.

머물러 있을 뿐이다. 이와 같은 사실은 노장 사상이 원래 단편적으로 흩어진 채 표현된 사실에도 있지만 더 근본적으로는 서양식 형식 논리적 설명을 거부하는 사상이라는 사실에서도 찾아볼 수 있으리라. 그뿐만 아니라 노장 사상의 깊이는 바로 그러한 체계를 거부하는 데 있을지도 모른다. 따라서 그것을 체계적으로 분석하고 설명하려는 시도 자체가 그 사상의 본질을 아직 깨닫지 못한 데서 생기는지도 모른다.

그러나 체계가 설 수 없다는 것을 제대로 주장하려면 그 주장에 체계가 있어야 하듯이 아무리 체계를 거부하는 사상이라도 그것이 올바로 타당성 있게 하나의 사상으로서 이해되고 평가되려면, 그 사상은 우선 체계적으로 분석되고 이해되어야 한다. 단적으로 말해서 체계가 없는 사상은 사상일 수 없고, 그것이 어떤 종류의 것이든지 체계적 이해 이전의 이해는 진정한 의미에서의 이해에 도달했다고 주장될 수 없다.

이와 같이 볼 때 노장 사상을 이해하는 데는 두 가지 어려운 문제가 깔려 있다. 그 첫째는 그 사상의 원래의 주장이 극히 단편적이고, 그것들의 주장의 의미가 흔히 애매모호하다는 점이다. 노장 사상의 구약에 해당되는 『노자』는 너무나 시적인 표현으로 가득 차 있고, 그것의 신약에 해당하는 『장자』는 재치는 있지만 너무나 단편적인 일화로 차 있다. 그러나 이 위대한 두 저서의 가치와 영향이 그와 같은 문체적인 성격에 있다 하더라도 그것은 그것이 갖고 있는 하나의 사상의 내용과는 아무런 관계가 없다. 그러한 문체의 가치는 오로지 문학적인 가치로서만 평가되어야 한다. 따라서 위의 두 저서가 사상적인 저서로서 보다 더 잘 이해되려면 보다 더 체계적이고 분석적인 논리의 전개 가 있어야 했을 것이다. 여기에서 노장 사상을 이해하고자 하는 사람들의 고충과 아울러 흥미가 생긴다. 그리고 여기 에 바로 노장 사상을 밝히고자 하는 이의 문제가 있다.

둘째의 문제는 노장 사상의 다양성이랄까 혹은 모호성 이다. 노자와 장자의 사고의 내용을 흔히 하나의 사상이라 고 부르지만, 그것은 또한 하나의 철학, 하나의 종교라고 도 불린다. 그래서 노자와 장자는 사상사에 속하는가 하 면, 서양 철학에 비해서 동양 철학의 하나로 대조되고, 또 그런가 하면 기독교나 불교에 비해서 하나의 종교로도 취 급되고 있다.

한 개인이나 시대의 생각이나 주장이 반드시 철학적이 어야만 한다든가 혹은 종교적이어야만 한다든가 하는 논 리적 이유는 없지만 '철학'이라는 개념과 '종교'라는 개념, 혹은 '사상'이라는 개념, '이념'이라는 개념은 서로 완전히 일치하지 않고 구별되며 또 그렇게 되어야 한다.

이러한 주장은 그것들 사이에 아무 관계가 없다는 말과는 전혀 다르다. 몸과 마음의 사이에 깊은 관계가 있음을 우리는 잘 알고 있지만 '몸'이라는 개념과 '마음'이라는 개념은 서로 구별되어야만 비로소 각기 그 의미를 가질 수 있다. 그렇기 때문에 일반 사람들에 의해서는 흔히 서로 혼동되어 사용되고 있는 위와 같은 개념들을 각기 분명히 밝히면서, 그런 관점에서 볼 때, 노장 사상은 어떤 의미에서 사상이며 어떤 의미에서 철학이며 또 '종교'인가를 밝힌다는 것은 노장 사상을 이해하는 데 가장 중요한 일이 될 것이다.

내가 여기에서 노장의 생각을 '철학'이라고 부르든가 '종교'라고 부르지 않고 구태여 '사상'이라고 부른 것은 '철학'이나 '종교'라는 개념보다 '사상'이라는 개념이 더 포괄적인 개념이며, 노장의 생각이 철학이나 종교로서 분화되기 이전의 복잡한 생각의 내용을 갖고 있다고 믿기 때문이다. 이러한 전제는 그러한 성질의 노장의 생각, 즉 노장 사상이 하나의 철학으로서 그리고 동시에 하나의 종교로서 분석될 수 있고 해석될 수 있다는 것을 암시한다.

노장 사상은 이와 같은 분석을 통해서 보다 정확히 이해될 수 있을 것이다. 그것은 마치 구체적으로는 분해될 수 없는 구체적인 인간이 심리학·생리학·동물학 혹은 사회학적 관점에서 분석될 때 보다 깊이 이해될 수 있는 것과 흡사하다. 그 이유는 이미 어느 정도 확실히 체계가 밝혀진 심리학적, 생물학적 관점이라는 어떤 패러다임 paradigm에 비쳐 보일 수 있기 때문이다. 그런데 철학이라는 관점, 종교라는 관점은 사상이라는 관점보다는 확실한 체계가 선 관점이다. 따라서 우리가 보다 잘 알고 있는 이러한 관점들을 하나의 패러다임으로 삼아 사상이라는 하나의 대상이 분석되고 이해될 수 있다. 그리하여, 노장 사상은 철학이나 종교 등의 구성 요소로 분해될 수 없는 하나의 구체적인 관념적 유기체이긴 하지만, 그것이 개념적으로 분석될 수 있을 뿐만 아니라, 그것이 우리들에게 이해되려면 반드시 분석되어야 한다는 이유가 충분히 생긴다. 칸트Kant는 모든 인식 대상은 오로지 우리들이 선천적으로 갖고 있는 선험적 범주에 의해서 정리되어야만 비로소 인식된다고 주장했다. 인식의 대상과 인식의 위와 같은 관계를 밝히면서 그는 "지각 없는 개념이 공허하다면 개념 없는 지각은 눈이 멀었다"고 말했다. 노장 사상을 우리들의 인식, 아니 이해의 대상으로 본다면, 우리가 사용하려는 관점, 즉 철학적, 종교적 그리고 이념적 관점은 칸트에 있어서의 선험적 범주에 해당된다. 이러한 범주들에 의해서 걸러지고 정리되었을 때 노장 사상은 비로소 보다 선명히 이해될 수 있을 것이다.

방법

노장 사상을 밝히는 데 있어서 위에서 본 바와 같은 문제, 즉 단편적인 것을 체계적으로 보고, 복잡하고 복합적인 것을 분석해야 하는 문제는 어떻게 풀릴 수 있을까? 여기에서 우리는 방법의 문제를 생각해야 할 단계에 이른다.

그러나 이 방법이 설사 발견되었다고 해도 그에 앞서 우리들이 이해하고자 하는 대상을 보다 정확히 규정할 필요가 있다. 노장 사상을 이해한다고 했지만 '노장 사상'은 구체적으로 무슨 대상을 가리키는 것인가? 그것은 노자나 장자 혹은 그의 제자들이 갖고 있었다고 믿어지는 어떤 생각을 가리키기 쉽다. 그러나 우리는 그러한 '생각'에 직접 부딪쳐볼 수도 없고 또한 그러한 '생각'이란 말이 무엇을 지칭하는 것인가조차 알 길이 없다. 그러므로 노장 사상이라 할 때 우리들이 이해의 대상으로 삼을 수 있는 것은 유일한 객관적인 대상인 그들의 저서 『노자』와 『장자』라는 문자로 된 책들일 뿐이다. 그러한 책을 구성하는 문자의 의미를 읽음으로써만 노자와 장자의 사상에 도달할 수 있는 것이다. 바꿔 말하자면 그들의 사상이란 그들의 저서와 일치하고, 그 저서 밖에서 그들의 사상은 찾아볼 수 없다는 결론이 선다.

그래서 노장 사상이라 할 때 나는 노자와 장자의 '텍스트', 즉 『노자』와 『장자』를 가리키는 것이다. 우리의 문제는 그 텍스트를 이해하는 문제로 돌아간다. 더 구체적으로 말하자면, 그 텍스트를 통해서 그 텍스트가 갖고 있는 의미를 밝히고자 하는 문제이다. 그것은 다름아니라 독서의 문제이다.

『노자』와 『장자』라는 텍스트는 어떻게 읽힐 수 있는가? 어떻게 읽어야만 하는가? 구조주의 문학비평가 츠베탕 토도로프Tzvetan Todorov는 그의 「독서론」이란 글에서 한 문학적 텍스트를 읽는 전통적인 세 가지 방법을 들고 있다. 그것을 그는 각기 '투사(投寫)projection' '주석 commentaire' 그리고 '시학poétique'이라고 이름짓는다. 위의 세 가지 독서 방법을 한 텍스트의 해석 방법으로 보아도 좋다. 토도로프에 의하면, 한 텍스트의 '투영적' 접근 방법은 그 텍스트를 통해서 그것을 만들어낸 저서 또는 사회 등을 밝혀보려는 외재적 해석 방법이다. 프로이트적 정신분석학적 해석 혹은 마르크스적 사회학적 비평 방법이 그 예가 된다. 이와 반해서 '주석적' 접근 방법은 한 텍스트의 의미를 그 텍스트 안에서 찾아내려는 내재적 해석 방법이다. 가장 대표적인 예로는 '텍스트 분석explication du texte'이라는 것이다. 이러한 방법은 프랑스 대학에서 전통적으로 철저히 적용되고 있는 일종의 작품 '풀어내기'라 할 수 있다. 마지막 '시학적' 접근법은 한 구체적인 텍스트가 언어의 내적 원칙에 의해서 구성되어 있는가를 찾아내고자 하는 해석 방법이다. 그것은 이른바 넓은 의미에서의 구조주의적 해석 방법에 해당된다.

노장 사상을 알아보는 데는 세 가지 방법 가운데서 어떠한 것이 가장 적합할 수 있을까? 투영적 방법이나 주석적 방법은 언제나 있어왔고, 그러한 방법에 의한 연구는 그것대로 중요하다. 노장 사상을 한 형태의 심리적 표현 혹은 사회 또는 정치적 표현으로 봄은 당연하다. 왜냐하면 그 사상은 어떠한 정신 상태의 표현이며, 어떤 특정된 사회 또는 정치적 소산임에 틀림없기 때문이다. 그러나 이러한 접근은 결국 심리학적 혹은 사회학적 연구에 귀착되는 것이고 한 체계로서의 사상의 연구가 될 수 없다. 우리가 여기서 알아내고자 하는 것은 사상으로서의 노장 사상이기 때문이다. 두말할 나위도 없이 이러한 사상의 창조는 한 인간 또는 여러 인간의 심리적 생산이요, 역사적 또는 사회적 산물임에 틀림없지만 그것의 발생학적 관계를 떠나 하나의 사상 체계로서 떼어놓고 볼 수 있는 것이다. 우리가 알고자 하는 것은 노장 사상의 원인은 무엇인가, 또는 어떠한 영향을 미쳤는가 하는 문제와는 달리, 그것이 어떠한 체계, 어떠한 구조를 갖고 있나를 알고자 하며, 그럼으로써 그것의 발생학적 의미를 초월한 의미를 찾아보는 데 있다.

위와 같은 우리의 목적을 달성하는 데에는 투사적(投寫的) 방법과는 다른 주석 방법으로도 만족될 수 없다. 왜냐면 이 방법은 원래의 텍스트를 좀더 자세히 반복하는 데 있고, 쉬운 말로 바꿔 말하자면 '작대기 글'로 읽는 방법에 지나지 않기 때문이다. 그러나 한 텍스트를 작대기 글로 읽을 줄 안다고 해서 반드시 그 글을 이해하는 건 아니다. 어린아이가 한글을 읽을 줄 알고 그가 읽는 한글의 낱말들의 의미를 개별적으로 전부 안다고 해서 그 어린아이가 성서나 『죄와 벌』을 이해할 수 있다고 말할 수 없기 때문이다. 위와 같은 텍스트를 어린아이가 그냥 읽는 차원을 넘어서 그것의 내용을 이해하려면, 두말할 필요도 없이 우선 그 텍스트를 구성하고 있는 각기 낱말이나 문장의 뜻을 알아야 하는 일이 우선 조건임은 새삼 강조할 필요도 없는 자명한 논리이다. 이러한 우선적 작업을 한다는 점에서 정확한 주석의 작업은 빼놓을 수 없는 중요한 일이다. 그러나 한 텍스트는 이러한 주석만으로 이해되었다고 말할 수 없다.

거의 대부분의 노장 사상에 대한 연구는 주석에 그치고 있다. 만약 앞서 말한 심리학 혹은 사회학적 해석이나 또는 주석적 해석이 노장 사상을 참다운 의미에서 이해하는 데 충분하지 못하다면, 과연 어떤 방법이 가능한가?

여기서 우리는 토도로프가 '시학적'이라고 부르고 있는 방법을 생각하게 된다. 그것은 한 텍스트를 유기적인 체계로 보고, 구체적으로 읽을 수 있는 그 텍스트의 보이지 않는, 내재적 원칙을 밝히는 데 있다. 이러한 방법이 한 텍스트를 이해하는 데 필요한 것은 구체적이며 개별적인 것들은 오로지 보다 전체적이고 유기적인 구조적 체계의 색안경을 통해서만 그 개별적인 의미가 밝혀지고 전체적인 이해가 가능하기 때문이다. 그렇기 때문에 한 텍스트를 구조적으로 접근한다는 것은 그 텍스트의 구조적 원칙을 밝혀내는 데만 그치지 않고, 궁극적으로 그 텍스트의 의미를 이해하는 데 있다.

노장 사상을 내 나름대로 정리해서 이해해보고자 하는 이 작은 에세이가 택해야 할 방법은 꼭 찔러 특별나게 구조적 방법이라고 이름 붙일 것이 못 되지만, 넓은 의미로서의 그러한 방법일 수밖에 없게 된다. 먼저 말했듯이 한 텍스트를 체계적으로 설명하자면 그 해석자가 의식하든 안 하든 간에 언제나 구조적인 방법일 수밖에 없다. 이러한 원칙은 비단 언어로 된 텍스트라는 대상을 이해하는 데만 해당되지 않고, 사물 현상을 이해하는 데에도 해당된다. 한 사물 현상은 과학적인 설명이 되어야만 비로소 참다운 이해가 될 수 있다고 하는데, 그 까닭은 과학적 설명은 하나의 이론적 설명이며, 이론적 설명이란 결국 일종의 구조적 설명이기 때문이다.

그러나 한 텍스트를 구조적으로 설명한다 해도, 즉 어떤 체계를 통해 그것을 구성하고 있는 부분들의 의미를 파악하고, 그것들 간의 관계를 설명한다 해도, 그 텍스트는 대체로 단 한 가지 체계만이 아닌 여러 가지 체계에 의해서 설명될 수 있다. 따라서 한 체계를 채택해서 그런 입장에서 설명이 된다 해도, 그 설명은 결코 절대적인 설명이 될 수는 없다. 서로 상반되는 모든 설명이 모두 다 함께 동등하게 정당하고 옳은 설명이라고는 결코 말할 수 없지만, 모든 설명은 결국 다소간의 상대성을 극복할 수 없다는 논리를 그 자체 속에 갖고 있게 마련이다. 뒤에 알겠지만 노장의 중요한 생각의 하나는 바로 위와 같이 모든 앎이 상대성이라는 데 있다.

나는 여기서 이리한 상대성, 더 심하게 말해서 편견성을 의식하면서, 피상적이나마 필자가 갖고 있는 하나의 철학적 관점에서 노장 사상을 하나의 체계로서 분석하고자 한다. 여기서 '철학적'이라고 할 때, 그 개념은 다분히 서양적 발상에 입각하고 있음을 나는 자인한다. 그것은 달리 말해서 동양의 가장 대표적인 노장 사상을 서양적 입장에서 본다는 말이 될 것도 같다. 따라서 근본적으로 전혀 다른 테두리를 갖고 있는 두 개의 크나큰 사고를 한쪽의 관점에서 본다는 결과가 될 것이며 그렇게 되면 노장 사상을 왜곡하고 오해하는 결과를 인정해야만 될 것 같다. 그렇다면 이 연구의 의의는 전혀 없어지고 말게 될 것이다.

그러나 위와 같은 가상적 비판은 필자가 생각하는 바의 '철학'에 대한 오해에서 생겨나는 것이다. 내가 말하는 '철학'은 서양의 어떤 철학가들의 사상적 체계를 의미하는 것이 아니다. '철학'이라고 할 때 나는 이성을 가진 어느 인간에게나 가능한 하나의 사고의 차원과 방법을 말한다. 그렇기 때문에 비록 그러한 사고가 서양에서, 특히 20세기 서양 사상에서 두드러지게 나타나고 자의식되었다는 것이 역사적인 사실이긴 하지만, 동양에서도 언제나 그러한 사고의 차원과 방법은 무의식적이나마 나타나 있었고, 그것은 또, 모든 인간이 공통적으로 갖고 있는 잠재적인 보편적 사고 형태라고 나는 믿는다. 보다 확실한 윤곽을 갖고 의식하게 된 이와 같은 하나의 사고의 차원과 방법을 통해서 노장 사상을 분석한다는 것은 반드시 그것을 서양적인 척도에서 보려고 하는 것과는 다른 것이다. 이와 같이 볼 때, 동양 사상은 동양 사상의 테두리에서 봐야 한다든가, 노장 사상은 그 자체의 테두리 안에서 본다는 것은 아무 근거가 없는 논리일 뿐만 아니라, 그와 같은 것은 불가능한 것이다.

위와 같은 사실을 전제로 하고 나는 노장 사상을 세 가지 측면에서 고찰하고자 한다. 바꿔 말해서 나는 노장 사상이 '철학'의 차원과, '종교'의 차원과, '이념'의 차원을 포괄하고 있는 것으로 보고자 한다. 이렇게 볼 때에 비로소 노장 사상이 때로는 철학으로 취급되는가 하면 때로는 종교로서 취급되고 또한 때로는 '이념'이란 뜻의 '사상'으로 취급되고 또 그렇게 될 수 있는 이유를 짐작하게 된다.

이 에세이가 뜻하고자 하는 바가 노장 사상의 '철학적' 분석이라고 했는데, 그것은 더 구체적으로 말해서 첫째 노장 철학의 철학적 해석이 될 것이며, 둘째 노장 종교의 철학적 해석이 될 것이고, 셋째 노장 이념의 철학적 해석이 될 것이다. 그렇다면 이 책이 시도하는 바를 보다 분명히 하기 위해서는 필자가 보고 있는 대로의 '철학' '종교' 그리고 '이념'이라는 각 개념과 그것들 사이의 관계를 다소 밝혀둘 필요가 있다.

첫째, 철학은 사고의 내용이나 대상을 가리키기보다는 사고의 한 차원과 방법을 가리킨다. 사물에 대한 앎과 우리들 자신의 여러 가지 체험 등은 일단 언어로 표현될 수 있고 또 그렇게 됨으로써 비로소 앎으로서 혹은 체험으로서 의식된다. 철학은 그러한 언어의 뜻과 그것들의 논리적 관계를 보다 명석히 해명하는 2차적 또 반성적 사고를 가리킨다. 노장 사상은 이러한 사고의 차원을 지니고 있다. 어떻게 보면 노장 철학은 우리가 우리들의 경험이나 앎을 기술하는 데 사용하는 언어에 대한 사색이라고 볼 수 있는 것이다. 그러나 이와 같이 해석된 노장 철학은 그 자체가 다시 철학적 사고의 대상이 될 수 있다. 철학적 견해를 전달하기 위해 사용된 노장의 언어가 과연 정확히 무슨 의미를 갖고 있으며 그것들 간의 논리적 관계는 어떤 것인가를 검토할 수 있다. 이러한 작업은 철학의 철학적 분석이 되며 그것은 메타 철학meta-philosophy 혹은 상위적 담론이라 불릴 수 있다.

둘째, '종교'라는 개념은 한 인간과 우주의 궁극적인 관계와 그것의 의미에 대한 한 가지 믿음이라고 나는 생각한다. 노장 사상은 위와 같은 성질의 한 믿음으로도 볼 수 있다. 그러한 믿음이 과연 어떻게 정당화될 수 있는가 등을 밝히려고 할 때 우리는 종교의 철학적 고찰로 옮겨가게 된다.

셋째로, 나는 여기서 '이념'이란 개념을 가장 기본적인 가치관으로 해석한다. 그러한 가치관도 역시 그것의 타당성 여부가 검토될 수 있는데, 그러한 검토는 역시 가치관 자체가 아니라 가치관에 대한 해명으로서 철학적 작업이 되는 것이다. 노장 사상은 이러한 의미로서의 이념을 나타내고, 따라서 그것은 철학적 해석의 대상이 될 수 있는 것이다.

노장 사상에서 '도(道)'와 '무위(無爲)'라는 개념이 가장 기본적 핵심 개념임은 언제나 지적되고 있는 터이며, 그러한 사실은 『노자』와 『장자』를 훑어보는 사람이면 누구나 이해할 수 있다. 여기서 필자는 '도'를 노장 사상의 철학적 측면을 나타내는 중심 개념으로 보고, '무위'를 노장 사상의 종교적 측면을 드러내는 핵심 개념으로 보고자 한다. 그런데 내가 알기에 아무도 지적한 사람들이 없을 뿐만 아니라 『노자』나 『장자』를 언뜻 읽어도 많이 쓰이지 않는 것이지만 필자로서는 '소요(逍遙)'라는 개념이 노장 사상을 이해하는 데 빼놓을 수 없는 중심 개념이라고 확신한다. '소요'라는 개념은 노장 사상의 이념적 측면을 나타내는 것이다. 그리하여 '도'라는 개념에서 나타나는 노장 철학, '무위'에서 나타나는 노장 종교, 그리고 '소요'에서 밝혀지는 노장 이념은 서로 유기적 관계를 갖고 하나의 구체적인 노장 사상을 구성하고 있다. 따라서 이 에세이는 첫째 '도'라는 개념, 둘째 '무위'라는 개념, 그리고 셋째 '소요'라는 개념에 대한 해석이 될 것이다.

2 '도'와 진리

철학으로서의 노장 사상

　노장 사상은 '도'에 대한 사상이라 해도 과언이 아니다. 노장 사상이 '도교'라고 때로는 불리는 이유가 여기에 있다. '도'라는 개념이 이해됐을 때 '무위' 혹은 '소요'라는 개념도 비로소 이해될 수 있다. 그러므로 '도'라는 개념을 충분히 이해했을 때, 우리는 노장 사상의 핵심을 이해했다고 말할 수 있다.

　'도'라는 개념은 존재에 대한 개념이다. 여기서 존재란 우리가 일상 알고 있는 어떤 개별적인 대상을 가리키는 것이 아니라 궁극적인 실체, 더 정확히 말해서 궁극적인 실체의 존재 양식을 가리킨다. 그리하여 '도'라는 개념은 '진리'라는 개념과 연결된다. 따라서 '도'에 대한 노장 사상은 하나의 존재론이다. 그렇다면 궁극적 존재는 무엇인가?

존재와 언어

'도가도비상도(道可道非常道)'라는 말은 『노자』의 유명한 첫 구절이다. 노장 사상은 이 짧은 구절 속에 그 진수가 요약되어 있다 한다. 위의 구절은 '도'라는 개념이 지칭한 궁극적 존재는 '도'라는 말로 불렸을 때에는 이미 있는 그대로의 존재로서의 도는 아니라고 해석된다. 그것은 달리 말해 '도'라고 불리는 존재에 대한 서술이 되지만, 그것을 다른 각도에서 볼 때 언어에 대한 이론, 더 나아가서는 존재와 언어의 관계에 대한 이론으로 볼 수 있다. 이와 같이 볼 때 위의 유명한 구절은 결국 하나의 언어에 대한 철학적 견해를 나타낸다. 만약 위의 구절이 노장 사상의 핵심을 나타낸다는 것을 인정하면 노장 사상의 핵심은 하나의 언어철학임을 알게 된다. 언어철학의 가장 근본적인 문제는 언어와 그것이 의미하는 물질적 혹은 관념적 대상과의 관계에 있다. 이러한 관계를 철학적 의미론 philosophical semantics이라고 한다.

언어철학이란 20세기에 비로소 생겨난 새로운 철학적 개념이다. 그것은 넓은 의미로서는 철학적 방법을 가리키는 개념이며 좁은 의미로서는 언어와 그것이 지칭하는 대상 혹은 기능과의 관계에 대한 이론이다. 만약 이 두 가지 의미로서의 언어철학이 현대 철학의 새로운 점이라면, 노장 사상도 언어철학이라는 새로운 각도에서 현대적인 해석을 받을 수 있고, 현대 언어철학과 비교되어 새로운 현대적인 의미가 검토될 수 있다. 노장 사상이 현대의 언어철학과 별로 다르지 않은 문제를 보고, 그러한 문제에 어떠한 철학적 이론을 제공한다고 하지만, 노자나 장자가 오늘날 언어철학자, 아니 그 밖의 모든 철학자들과 똑같이, 그들이 철학적 방법이나 혹은 문제가 어떠한 성격인가를 분명히 의식했다는 말은 물론 아니다. 그러나 그들이 남겨놓은 사고의 결과를 검토하면 그것들은 충분히 오늘날 언어철학의 견지에서 검토될 수 있고, 그럼으로써 그들의 사상이 보다 잘 오늘날의 우리들에게 연결될 수 있고, 그럼으로써 그들의 사상은 우리들의 문제로서 우리들에게 보다 잘 이해될 수 있다. 그렇게 해서 노장 사상은 더욱 현대성을 띠고, 더욱 깊은 사상으로 이해된다.

'도가도비상도(道可道非常道)'라는 노자의 유명한 선언 속에 나타난 사상은 언어철학이라는 입장에서 볼 때, 존재에 대한 언어의 열등성 혹은 하위성이다. 존재도 그것이 서술되고 남들에게 전달되려면 반드시 언어를 필요로 한다. 이러다 보면 우리는 언어 자체를 존재로 착각하게 된다. '강아지'라는 말의 의미를 안다는 것을 강아지를 아는 것과 마찬가지로 생각한다. 위의 구절에서 노자가 경고하는 것은 위와 같은 언어와 존재에 대한 견해이다. 노자가 말하고자 하는 것은 언어는 곧 존재가 아니라는 것, 언어로 의미화된 존재는 역시 의미에 불과하지 결코 의미화 이전의 존재가 아니라는 것, 더 구체적으로 말해서 존재에 비해서 그 존재를 의미하는 언어는 열등하다는 것이다. 이러한 말은 결국 존재는 언어로써 완전히 표현될 수 없음을 뜻한다.

노자의 이러한 언어철학은 『노자』의 첫 구절에서뿐만 아니라 그 뒤에도 거듭 강조된다. 노자는 32장에서 '도상무명(道常無名)', 즉 영원한 도는 이름이 없다고 하였고, 41장에서는 '도은무명(道隱無名)', 즉 도는 숨어서 이름을 붙일 수가 없다라고 하였다. 이와 같은 노자의 견해는 장자에 와서도 거듭 강조된다. 그는 "완전한 도는 이름을 붙일 수 없다. 완전한 논평은 말을 아니 쓴다"[1]라고 하였고, "천지가 창조될 때 아무것도 없이, 있는 것도 없고 이름도 없었다"[2]라고 말한다.

서양 철학에서도 이미 플로티누스Plotinus에 의해서 노

---

1 金東成 譯, 『莊子』, 乙酉文化社, 1966, p. 34.
2 위 책, p. 100.

장에서 볼 수 있는 언어 비판을 볼 수 있다. 그는 절대적 실체인 '하나'는 결코 언어에 의해서 표현될 수 없다 하였다. 그러나 서양 철학에서 언어 비판이 가장 뚜렷하게 강조된 것은 아무래도 베르그송Henri Bergson에서 시작되며, 그 후 하이데거Martin Heidegger 등에 의해서 강조됐다. 베르그송은 언어는 존재를 있는 그대로 나타내지 못할 뿐만 아니라 오히려 존재를 왜곡한다고 주장한다. 그에 의하면 존재의 본질은 '흐름la durée'인데 언어의 본질은 흐름과는 반대로 고정화하는 데 있다. 가령 물이라는 존재를 '물'이라는 말로 표현했다 하자. '물'이라는 말은 '물'이라는 개념으로 고정된 의미를 가짐으로써 말로서의 기능을 한다. 따라서 언어는 고정되지 않은 사물을 고정화시키는 결과를 낳는다. 이런 점에서 볼 때, 언어는 사물을 왜곡시킨다는 결론이 나오게 된다. 이와 비슷한 언어에 대한 비판은 하이데거에서도 찾아볼 수 있다. 그는 존재 즉 '있음sein'은 결코 과학자 혹은 철학자들이 주장하는 성질의 것이 될 수 없다고 말한다. 왜냐하면 과학자나 철학자들이 그 존재를 밝힐 때 논리적으로 이해될 수 있는 개념을 갖는 언어를 써야만 하는데, 그와 같은 언어의 개념은 논리적으로 그 언어가 서술하는 존재일 수 없기 때문이다. 따라서 존재를 서술하려면 과학자나 철학자의 언어보다는 시인이나 예술가가 사용하는 언어가 보다 존재를 충실히 표현할 수 있다는 하이데거의 주장이 나오게 된다. 언어가 존재를 완전히 표현할 수 없다는 견해는 철학자들에 의해서 주장된 것일 뿐만 아니라, 아니 그 이전에 많은 예술가들에 의해서 주장되고, 또한 철학자나 예술가가 아닌 일반 사람들이 흔히 자명한 것으로 알고 있는 견해이다. 그래서 많은 예술가들은 과학이나 철학이 표현할 수 없는 것을 예술은 다소나마 보다 충실히 표현할 수 있다는 생각을 일반적으로 갖고 있다. 이런 의미에서 예술적 표현은 과학이나 철학보다도 진리에 가깝다는 주장이 나온다.

노장의 언어에 대한 언어와 존재의 위와 같은 견해는 옳은 동시에 잘못된 견해이다. 첫째, 언어는 그것이 서술하는 존재와 같지 않을 뿐만 아니라 논리적으로 같을 수가 없다는 것은 너무나도 자명한 진리이다. 그러나 이와 같은 진리는 구태여 새삼스럽게 들고 나올 만한 의미를 갖고 있지 않은 동어 반복적 성격으로 트리비얼한 것에 지나지 않는다. 둘째, 노장의 언어에 대한 비판을 검토해보자. 노장은 언어가 그것이 기술하는 존재를 왜곡한다고 경계하고 비판한다. 이러한 비판의 근거는 언어가 뜻하는 존재는 존재 자체와 다르다는 데 있다. 가령, '강아지'라는 말은 결코 구체적인 한 멍멍개와 같이 애교도 부리지 않고 색깔도 없고 냄새

도 나지 않는다. 그러나 언어의 이와 같은 사실에 근거해서 언어를 비난한다는 것은 그 근거가 없다. 왜냐하면 언어가 언어로서 성립할 수 있는 논리적 조건의 하나는 한 대상과 그것을 서술하는 언어가 똑같지 않아야 한다는, 즉 달라야 different 하는 데 있다. 노장적 언어에 대한 비판, 그리고 플로티누스나 베르그송 혹은 하이데거적 언어에 대한 비판은 위와 같은 논리적 사실을 보지 못한 데 기인한다. 그들의 주장을 밀고 가면, 한 언어가 그것이 서술하는 대상과 똑같아야만 만족될 수 있다는 격이 된다. '강아지'라는 낱말이 정말 강아지를 있는 그대로 서술하려면 그 낱말이 강아지와 똑같아야만 한다는 결론에 도달하게 된다.

그러나 이와 같은 언어에 대한 노장의 요구에는 두말할 나위도 없이 억지가 있다. 만약 노장이나 많은 시인 혹은 예술가들의 요구대로 한 언어가 그가 서술하는 대상과 똑같게 된다면, 바로 그렇게 되는 순간 언어는 존재할 수 없다. 예술 작품이 무엇인가를 재현 혹은 기술하는 한에서 그것을 넓은 의미로서의 언어로 본다면, 한 예술 작품이 무엇인가를 서술 혹은 표현하고, 할 수 있는 것은 그것이 아무리 정확한 사실주의적 작품이라 할지라도, 그것이 그리고자 하는 대상과 어디인가 다른 점이 있음으로써만 가능한 것이다.

이미 노장이 지적하고 강조한 대로 한 언어는 그것이 서술하는 대상과 다르다는 것이 사실이지만, 그러한 사실은 우연한 사실이 아니라 필연적, 논리적인 사실이다. 언어와 존재의 거리는 한 언어의 불완전성에 기인하는 것이 아니라, 언어가 존재할 수 있는 필수 조건이다. 한 언어가 그것이 표현하는 대상과 같지 않다고 불평하고 비판한다는 것은 그 언어가 바로 언어가 될 수 있는 필수 조건 없이 언어로 존재하기를 바라는 근본적인 자가당착이다. 노장의 언어에 관한 사상이 심오하다고 하지만, 위와 같이 분석해볼 때 그것은 한편으로는 극히 트리비얼 즉 뻔하고, 다른 한편으로는 근본적으로 그릇된 이론이다. 그럼에도 불구하고 노장의 언어철학은 노장의 존재론 그리고 인식론과 뗄 수 없는 밀접한 관계를 갖고 있고, 그것들을 이해하는 데 극히 중요하다. 역설적이지만 그러한 그릇된 노장의 언어철학은 새로운 각도에서 해석될 때 놀랍게도 노장 사상의 심오함을 한결 더 드러낸다.

존재와 '도'

노장 사상의 핵심은 '도'에 있다. 노장 사상은 '도'에 관한 사상이다. '도'는 존재론적 개념이다. 그것은 가장 궁극적인 존재를 가리키는 개념이다. 그렇다면 노장은 가장 궁극적인 존재를 어떻게 보고 있는가? 그리고 그러한 '도'는 우리들에게 무엇을 깨닫게 하는가?

상식적으로 볼 때 존재하는 것은 무한히 많다. 내가 존재하고, 책상이 존재하고, 그릇이 존재하고, 구름이, 산이, 강아지가 존재한다. 분자가 존재하고, 원자가 존재하며, 태양이 존재하고 달이 존재한다. 색이 존재하고 초록색이 존재한다. 우리가 볼 수 있고, 만질 수 있고, 느낄 수 있는 것이 존재하는 것이다. 위에서 든 여러 가지의 존재들은 반드시 어떤 언어로 표현될 수 있고, 고정된 개념으로써 파악될 수 있다. 그리고 그것들은 각기 선명하게 서로 구별된다. 서로 차별이 되는 한에서 그것들은 각기 존재한다고 인식된다. 그러나 다시 생각해보면 구체적으로 존재하는 각기의 사물 혹은 현상들은 결코 고정된 것이 아니며, 언제나 변화를 계속하고, 각기 그 존재하는 것들은 결코 완전히 서로 구별될 수 없다. 그것은 막연히 전체라고 부를 수 있는 무엇의 각기 일부, 한 측면에 불과하다. 이와 같이 볼 때, 우리가 존재한다고 지칭할 수 있는 사물이나 현상은 우리들이 사용하는 언어와 동일한 것은 물론 아니지만, 언어와 뗄 수 없는 관계를 갖고 있음을 알

게 된다. 이 문제에 대해서는 뒤에서 자세한 검토를 하기
로 하자.

어쨌든 변화하는 사물과 현상은 그 자체를 존재하는 것
으로 볼 수 없다. 가령 '이것이 강아지이다'고 할 때 만약
강아지가 각 순간 변화한다면 어떻게 그 강아지가 존재한
다고 할 수 있겠는가? 그러므로 참다운 존재는 항상 변화
를 계속하는 사물과 현상, 오직 부분이나 한 측면에 불과
하다고밖엔 볼 수 없는 사물과 현상 너머, 혹은 그 밑바닥
에 있을 수밖에 없을 것이다. 그리하여 동서를 막론하고,
많은 철학가들은 우리가 보통 존재한다고 믿고 있는 사물
이나 현상은 진정한 존재가 아니라는 생각에 도달했다. 힌
두교에서는 사물과 현상을 '환상maya'이라고 믿었고 이
것과 대립해서 참다운 존재를 '브라만brahman'이라 불렀
다. 플라톤은 가사 세계(可思世界)intelligible realm에 존재
한 이데아ideas(또는 forms)를 실재하는 존재로 보고 우리
가 경험을 통해서 있다고 믿는 물질의 세계를 '껍데기
appearance'로 보았다. 그리고 칸트도 가시적 세계와 비가
시적 세계를 구별해서 각기 현상 phenomena과 본체
noumena 라고 불렀다. 힌두교, 플라톤 그리고 칸트의 위
와 같은 존재론의 특색은 사이비적 존재와 진짜 존재로 각
기 나누어 보고, 진짜 존재를 비물질적인 것, 관념적인 것

으로 보고 있는 데 있다. 이와 같은 관념주의적 형이상학은 조금 성질을 달리하고 있지만 후설Husserl의 현상학에서도 다시 고개를 들고 나타난다. 후설은 사념적 철학에서 벗어나 '현상 자체에 돌아가라'고 외치긴 하였지만, 그가 인식의 대상은 현상으로서의 대상이 아니라, 그 현상에 대한 경험 속에 나타나는 에이도스eidos, 즉 본질이라고 주장할 때, 분명히 그는 관념주의적 존재론을 주장하고 있는 것이다.

위와 같은 존재론은 어떠한 근거를 가지고 있는가? 어떻게 해서 위의 철학자들은 우리의 지각적 경험을 통해 볼 수 있는 것들은 진정으로 존재하지 않고, 오히려 우리가 지각할 수 없는 것들을 진정으로 존재한다고 주장하게 되었는가?

언뜻 들어보면 위와 같은 철학자들이 주장하는 형이상학적 존재들은 마치 그들이 신비로운 특별한 지적 힘으로 그러한 것들을 발견한 듯 보이지만, 사실상 위와 같은 형이상학적 존재는 추리에 의해서 얻어진 결론임을 깨닫게 된다. 그들의 위와 같은 형이상학적 학설들은 별게 아니라, 그들이 그리고 누구나가 지각하고 관찰할 수 있는 사물과 현상들을 설명하기 위해 논리적으로 유추해서 만들어낸 가설이다. 그들은 위와 같은 형이상학적 존재가 있다는 것을 가정함으로써만 사물과 현상들의 변화가 설명된다고 생각했던 것이다. 이와 같이 볼 때 형이상학적 학설도 그 구조상으로 보아서는 과학적 학설과 다를 바가 없다. 뉴턴이나 아인슈타인의 물리학적 학설이 변화하는 물리 현상을 설명하기 위해 가상된 가설에 불과하듯이 형이상학적 존재론은 개별적인 물리 현상뿐만 아니라 물리 현상 자체를 설명하기 위한 가설인 것이기 때문이다. 형이상학적 학설이 과학적 학설과 다른 것은 후자가 실험이나 관측을 거쳐서 그 학설이 실증적으로 증명되고 혹은 부정될 수 있는 데 반해서 전자의 학설은 그와 같은 증명이 원칙적으로 불가능하다는 데 있을 뿐이다. 그렇기 때문에 형이상학적 학설은 어떤 종류의 것이든 간에 결코 결정적으로 증명될 수도 부정될 수도 없는 성격을 띠고 있다. 따라서 서로 모순되는 것일지라도 수많은 다른 학설이 주장될 수 있다. 그러나 물론 모든 서로 다른 학설들이 다 같이 가치가 있다는 것은 아니다. 비록 다 같이 결정적인 증명은 못 되더라도 어떤 학설은 딴 학설에 비추어볼 때 보다 수긍될 수 있는 근거를 제시할 수 있기 때문이다.

궁극적 존재에 대한 개념인 노장의 형이상학에 있어서의 '도'의 이론도 따지고 보면 위에 예를 들어본, 딴 형이상학적 학설과 마찬가지로 우리들이 관찰할 수 있는 사건

이나 사물들의 현상을 설명하기 위해 만들어낸 이론으로
볼 수 있다.

　그러나 '도'라는 개념에서 밝혀지는 노장의 형이상학적
학설은, 앞서 예를 들어본, 힌두교적, 플라톤적 또는 칸트
적인 것과 근본적으로 다르다. 앞서 든 예의 형이상학은
지각될 수 있는 물질적 현상을 정말로 존재하지 않고 비가
시적 즉 비지각적인 관념의 세계 속에서 찾는 데 반해서,
노장이 말하는 존재, 즉 '도'는 현상의 세계와 분리되어 따
로 떨어져 있는 것도 아니며, 그 내용이 관념적인 것도 아
니다. 그것은 현상을 포함한 모든 것, 아니 현상 그 자체
원리 외에는 아무것도 아니다. 그런데도 '도'라는 개념으
로 표시되는 노장의 존재론이 보통 상식으로 생각되는 존
재에 대한 견해와 다를 뿐만 아니라, 보통 상식으로는 도
달할 수 없는 심오한 견해라고 믿어지는 이유는, 그것이
현상을 부정하지 않고 오직 그것에 대한 새로운 해석을 보
여주는 데 있다. 노장의 존재에 대한 주장은 결국, 우리로
하여금 우리가 손쉽게 다 보고 듣고 알고 있는 것이 오로
지 껍데기거나 환상에 불과한 것이 아니라, 그것 자체가
바로 존재라고 하는 데 있다. 존재하는 것은 현상과 별도
로 구분되어 있거나 따로 떨어져 있지 않다.

　이와 같이 구체적인 사건이나 사물이라는 현상을 진짜

존재로써 포괄한다는 입장에서 노장의 존재론은 플라톤이나 칸트의 형이상학과 다르지만, 헤겔의 형이상학과 유사하다. 헤겔Hegel은 지각에 의해서 관찰될 수 있는 현상들은 '정신' 혹은 '마음'으로도 번역되는 '가이스트Geist'라는, 원래의 실체와 떨어져 있는 것도 아니고, 그것의 그림자도 아니며, 그 실체 자체 속에 이미 내포되고 있는 잠재적인 과정의 표현이다. 바꿔 말해서 변화하는 사물의 현상은 '가이스트'라는 실체 속에 이미 내재하고 있는 것이다. 이와 마찬가지로 노장의 '도'라는 개념이 지적하고자 하는 존재도 현상과 떨어져 있는 별개의 존재가 아니라, 현상 자체를 포함한다. 그럼에도 불구하고 헤겔의 '가이스트'는 노장의 '도'와 동일한 개념이 아니다. 헤겔의 '가이스트'라는 존재는 하나의 생물체와 비유될 수 있다. 생물체에는 시초의 형태가 있고 그것이 성장하여 어떤 목적을 위해서 완성해가듯이 '가이스트'라는 형이상학적인 실체도 성장하여 어떤 목적을 향하여 완숙하는 것으로 나타난다. 딴 비유를 들자면 '가이스트'는 마치 한 나무의 씨와 같아서 자라고 꽃을 피워 열매를 맺는 과정을 거침으로써 그 본모습을 나타낸다. 이러한 존재론을 의인적anthropomorphic이라 부를 수 있다.

이에 반해 '도'는 우리가 자연이라고 말하는, 있는 그대로의 것에 지나지 않는다. 그것은 자라는 것도 아니고 어떤 목적이 있는 것도 아니다. 그냥 있는 것, 그것뿐이다. 헤겔의 존재에 대한 견해를 생물학적인 것으로 본다면, 노장의 존재론은 의인적이 아니라 자연적인 성격을 띠고 있다. 그렇다면 자연 그대로 있는 것이란 무엇인가?

자연과 도

현재 우리들이 이해하고 있는 자연이란 말은 대체로 인간에 의해서 변형되지 않는 인간 외의 모든 현상을 의미한다. 그래서 '자연'이라고 말할 때 우리는 우선 산·들·나무 등등을 연상하게 된다. 달리 말해서 자연은 인간이 인간의 힘으로 가공되기 이전의 모든 주어진 원래적 현상을 총괄적으로 지칭한다.

그런데 노자는 '도'를 '자연'으로 보고 있다. '도법자연(道法自然)'[3] 즉 도는 자연을 본받는다라는 것이다. 우리의 상식적인 생각으로는 '자연'은 대체로 물리 현상을 가리키는 개념이며, 한편 '도'라는 개념은 그러한 물리 현상

3『老子』, 제25장.

을 가리키지 않고 그보다 더 근본적 존재를 가리키는 개념
이라고 했는데, 어찌하여 도가 자연일 수 있겠는가? 어떤
의미에서 우리들이 알고 있는 자연이 노자가 말하는 도와
똑같은 것으로서 해석될 수 있겠는가?

　우리가 산이나 들, 나무나 짐승, 하다못해 돌멩이·사막
등을 자연이라고 부르는 것은 그것들이 물리 현상이기 때
문이거나 가치가 있어서가 아니라, 그것들이 인위적으로
변화되거나 왜곡되지 않는 한에서 그러하다. 그렇기 때문
에 자연이라는 것은 어떤 대상을 가리키는 개념이기 전에
한 대상이 존재하는 형태를 강조해서 쓰이는 말이다. 따라
서 자연이라는 개념은 고정된 사물뿐만 아니라 사건이나
동작에도 적용될 수 있다. 물을 자연이라고 부를 수 있지
만, 물의 흐름 혹은 생물의 생성 과정 그리고 사람의 동작
도 경우에 따라 자연이라고 부를 수 있다.

　'도'를 위와 같이 해석된 자연이라고 볼 때, '도'는 흔히
생각하고 있는 신비적인 어떤 존재를 가리키는 것이 아니
라 인위적인 것과 대립되는 개념으로 봄으로써 그 의미가
더 명석하게 드러난다. 그러므로 많은 노장 주석가들이 생
각하고 있는 바와는 달리 노장의 도는 종교적인 신비성을
갖고 있는 괴상한, 이해할 수 없는 초월적인 존재를 가리
키는 것은 전혀 아니고, 오히려 그것과는 반대로 쉽사리

누구나에 의해서 직접 보고 듣고 만질 수 있는 구체적 현상을 모두 가리키는 개념에 불과하다. 그러나 '도'는 어떤 개별적인 현상을 가리키는 개념이 아니라 현상 일반, 천지 전체의 본질을 포괄적으로 가리키는 개념이다.

도는 자연이다. 즉 도는 '스스로 그냥 있는 것'을 가리킴에 지나지 않는다. 그냥 있는 모든 것, 즉 존재 일반을 가리키는 총칭 명사가 바로 '도'라는 개념이다. 그것은 어떠어떠한 것, 즉 어떤 서술이 붙은 것 이전의 것을 가리킨다. 달리 말해서 '도'는 그 어떠한 이름이 붙기 이전의 존재, 어떤 서술을 갖춘 범주화, 즉 의미화된 존재와 대립되는 존재를 가리키는 것이다. '스스로 그냥 있는 것'이란 다름 아니라 이름이 붙기 이전의 것이란 뜻과 마찬가지다. 이와 같이 볼 때 '무명 천지지시 유명 만물지모(無名 天地之始 有名 萬物之母)'[4] 즉 무명은 천지의 시초이고, 유명은 만물의 어머니이다라는 노자의 말의 의미가 쉽사리 이해된다. 천지라는 말로 서술되는 존재 일반은 이름이 없는 상태, 즉 언어로 인위적인 명칭이 붙기 이전의 상태이며, 이름이 사물에 붙여짐으로써 여러 가지 현상들이 개별적으로 존재하는 것으로 나타나는 것이다. 산·나무·사람·

---

4 앞의 책, 제1장.

동물 등과 같은 이름으로 붙여져서 그것들이 개별적으로 존재한다고 생각하지만, 그것은 원래 그냥 그렇게 있는 것이 아니라, '산' '나무' '사람' '동물'이라는 이름이 붙여짐으로써 비로소 존재한다. 이와 같이하여 여기서 노자는 존재의 이름이 붙기 이전의 그냥 있는 상태와 똑같은 존재에 이름을 붙여 그 존재가 인간에게 '무엇무엇'으로서 인식된 이후의 상태와의 논리적 차이를 우리에게 의식시키려고 하는 것이다. 그는 그냥 존재와 똑같은 존재가 언어로서 의미화된 상태와를 혼동하지 않기를 강조하는 것이다.

도(道)는 결국 언어로 표현되기 이전의 자연을 말한다. 이와 같은 상태를 '현지우현(玄之又玄)'[5]이라고 부르는데 '현'을 묘(妙)한 것으로 해석한다면, 도를 현(玄)이라고 부르는 것은 당연하다. 왜냐하면 묘하다라는 말은 확실한 개념을 붙여 이름을 붙일 수 없다는 말이며, 자연으로서의 도는 다름아니라 이름이 붙여지기 이전의 존재를 가리키기 때문이다. 다시 이름이 붙여지기 이전의 존재란 어느 면에서 그것을 인식하는 의식에 명석히 나타날 수 없다는 말과 마찬가지다. 왜냐하면 한 사물은 칸트가 지적한 대로

---

5 앞의 책, 제1장.

어떤 개념의 체에 걸렀을 때 비로소 인식될 수 있으며, 또한 그러한 개념은 언어를 떠나서는 불가능하기 때문에 언어로 표현되기 이전의 존재, 즉 도는 명백한 것이 될 수 없기 때문이다.

이와 같이 볼 때, 도가 '유물혼성 선천지생(有物混成 先天地生)'[6] 즉 천지로 구별되기 이전에 뒤범벅되어 있는 것이라고 보는 것은 당연한 논리이다. 그리고 이와 같이 구별되기 이전의 존재는 '무(無)'라는 말로밖에 표현될 수 없을 것 같다. 우리에게 어떤 사물의 존재가 인식되려면, 그 사물이 딴 사물들과 구별되었을 때만 가능하다. 불이 완전히 꺼진 밤의 방을 상상해보자. 우리는 방 속에 무엇인가 있다는 것을 지각할 수 없다. 우리들의 눈앞에는 오직 칠흑 같은 어둠이 있을 뿐이다. 우리는 아무것도 보지 못한다. 바꿔 말해서 있는 것은 오직 '무'에 지나지 않는다. 존재가 전혀 딴 것과 구별되지 않고, 그 자체의 여러 다른 면이 구별되지 않을 때, 그 존재는 마치 무와 동일한 성격을 띠게 된다. 흔히 도를 무라고 하고, 노장의 사상을 '무'의 사상이라고 하는 이유는 도가 언어에 의한 분별 이전의 존재를 가리키기 때문이다. 그러므로 도를 이해한다

---

6 앞의 책, 제25장.

는 것은 '무'로서의 존재를 이해한다는 뜻이 되고, '무'로서의 존재를 이해한다는 것은 분별하는 우리들의 지적 욕망, 지적 요구를 초월한다는 말이 될 것이며, 그것은 또한 개념 이전의, 언어로 표현되기 이전의 존재를 알고, 개념 없이 그리고 언어 없이 존재와 직접 접촉한다는 말이 될 것이다. 이와 같은 이유 때문에 노장은 언어를 불신·비판하고, 지적 요구를 거부한다. 같은 이유 때문에 많은 여러 종류의 신비주의자들, 불교 신자들, 특히 선불교 신자들은 예외 없이 언어의 한계를 지적하여 그것을 불신하고 지적, 논리적 담론에 대한 요구를 규탄하며, 끝내는 무한한 침묵을 함양한다. 직관·계시·해탈로 발견된 진리는 결코 말로 표현될 수 없다는 것이다.

언어로 이름 붙일 수 없는 '도'는 무엇인가? 언어로 표현되기 이전의 자연은 무엇인가? 노장이 우리에게 밝히려는 진리는 무엇인가? 이와 같은 문제에 대한 우리들의 질문은 다음과 같은 질문으로 바꿔놓을 수 있다. 언어로 표현될 수 없고, 언어로 표현되어서는 안 될 도(道)가 어떻게 언어로 표현될 수 있는가? 왜냐하면 그러한 질문에 대답한다는 것은 역시 언어를 빌릴 수밖에 없기 때문이다. 그런데 두말할 나위도 없이 이러한 질문, 그리고 이러한 질문에 대한 대답은 근본적으로 자기 모순을 내포하고 있다. '도'는 원래 말로 표현할 수 없는 것이기 때문이다.

그럼에도 불구하고 『노자』나 『장자』는 각기 하나의 저서이며, 그것은 도의 진리를 밝히기 위한 것이다. 그렇기 때문에 언어로 표현될 수 없는 '도'도 부득이 언어로써만 밝혀지고 설명될 수밖에 없는 필연성을 지니고 있다.

'도'가 언어로 표현될 수 없다는 말은 '도'가 x, y, z 혹은 A, B, C라는 개념으로 긍정적인 테두리 속에 들어갈 수 없다는 말이 된다. 따라서 이러한 '도'가 부득이 언어로써만 설명되어야 한다면, '도'는 x, y, z도 아니고 A, B, C도 아니라는 부정적인 표현을 빌릴 수밖에 없다. '도'가 이것도 아니고 저것도 아니라고 언어로 표현됨으로써 우리는 간접적으로나마, 언어로써 표현되지 못하는 존재, 즉 '도'가 무엇인가를 다소라도 직관할 가능성이 있다. 사실, 『노자』와 『장자』 속에서 설명된 '도'는 결국 모두가 부정적인 설명이다. '도'를 A나 B, C 혹은 x나 y, z로 표현된다고 하는 것은 잘못된 생각이라는 것을 노자와 장자는 설명하려고 하는 것이다. 바꿔 말해서 우리가 믿고 있는 존재, 알고 있다고 생각하는 존재는 언어라고 하는 우리들의 이지적(理智的) 창문을 통해서 색안경으로 본 것에 불과하다는 것을 우리로 하여금 깨닫게 하려는 것이다.

언어라는 창문에 집어넣어 색안경으로 그저 그냥 있는

자연을 무엇무엇이라고 볼 때, 시작도 끝도 없고, 크지도 작지도 않고, 희고 푸르지도 않은 자연은 시작과 끝이 있고, 크고 작으며, 희고 푸른 것들로 각기 분별, 구분하고 차별하게 마련이다. 이와 같이 우리들은 전체를 보지 못하고 부분만을 알게 된다. 이처럼 우리들의 관점은 협소한 것, 상대적인 것인데도 불구하고 우리들은 우리들의 관점을 절대적인 것으로 보는 경향이 있다.

이와 같이하여 사물 현상을 왜곡하게 되는 것은 우리가 사물을 차별하고 분단(分斷)해서 보는 까닭이라고 말할 수 있다. 노자는 이러한 차별을 거부하고 모든 사물 현상을 평준화하여 하나로 보고자 한다. 이와 같은 작업을 그는 '제물(齊物)'이라고 부른다. "어떤 경우에든지 참된 성인(聖人)은 모든 차별을 거부하고 자연에 은신처를 찾는다. 시(是)에 기인해도 시 역시 피(彼)이고, 또 피 역시 시인 것이다. 시(是) 또한 비(非)를 가졌고, 피(彼)도 또한 시와 비를 가졌다. 그러면 시(是)와 피(彼)의 분별이 상실되지 않는가?"[7] 장자는 사물 현상을 x, y, z 혹은 A, B, C로 차별하고, 이것과 저것으로 차별하는 것은 오로지 인간의 협소한 관점에 불과하다는 것이다. 장자는 거듭 설명한다.

---

7 앞의 책, p. 31.

"그러므로 예를 들어 나뭇가지와 기둥, 혹은 추악한 사람과 뛰어난 미인, 그리고 모든 이상스럽고 기괴한 변형체를 들어보자. 도(道)는 이런 것을 모두 동일한 수준에 놓는다. 분류는 창조와 같고 창조는 파괴와 같다. 창조라는 것도 없는가 하면 파괴라는 것도 없으니 이런 형태 역시 한데 묶어 하나로 만든다."[8] 우리의 인식이 협소하고 상대적일 수밖에 없다는 것을 모른다면 우리는 우물 안의 개구리나 혹은 봉황새[鳳]를 모르는 솔개와 다를 바가 없이 어리석다. 개구리는 동해의 자라를 보고 자기가 우물 안에서 왕과 같이 지낸다고 자랑한다. 그러나 자라가 큰 바다의 얘기를 했을 때, 개구리는 깜짝 놀라고 자기의 세계가 얼마나 작은 것인가를 비로소 의식한다.[9] 그리고 또한 솔개는 죽은 쥐 한 마리를 잡아 물고 옆으로 날아가는 봉황새가 그것을 뺏을까 봐 겁을 낸다. 그러나 봉황새에게는 그따위 쥐 한 마리는 눈에 보이지도 않는다.[10]

우물 안의 개구리나 솔개의 관점을 넘어서라는 말, 즉 우리들의 작고 얕고 좁고 단편적인 관점을 넘어서 사물 현상을 보라는 말은, 결코 각기 그것들의 관점을 완전히 버

---

8 앞의 책, p. 32.
9 위 책, p. 155.
10 위 책, p. 136.

리라는 말도 아니고, 그러한 관점이 일종의 환상에 지나지 않는다는 말도 아니다. 장자가 이야기하고자 하는 것은 다만 그러한 관점에서 본 사물 현상을 절대적인 것들, 그러한 관점에서 나타나는 사물 현상들의 차별을 절대적인 차별로 보아서는 안 된다는 것일 뿐이다. 그러한 관점이 오로지 상대적임을 의식하고 보다 넓고 높은 관점에서 볼 때에는 그러한 관점에서 본 사물 현상이나 사물 현상들 간의 구별은 피상적인 구별이라는 것이다.

차별되어 지각된 상대적인 존재와 그 이전의 존재와의 관계는 어떻게 설명될 수 있으며, 차별되기 이전의 존재는 어떻게 보아야 하는가? 장자의 유명한 나비의 꿈의 이야기는 그의 위와 같은 질문에 대한 요약된 대답으로 해석된다. 이야기는 한마디로 장자, 즉 노자의 존재론을 요약한 것이고, 그럼으로써 '도' 혹은 자연에 대한 견해를 집약한 것으로 볼 수 있다.

옛날에 장주(莊周)가 꿈에 나비가 된 일이 있었다. 훨훨 날아다니는 나비가 되어 스스로 기분좋게 느낀 나머지 장주는 자기 자신인지를 몰랐다. 갑자기 깨어보니 놀랍게도 장주 자신이었다. 장주가 꿈꾸어 나비가 되었는지 아니면 나비가 꿈꾸어 장주가 되었는지 모르겠다. 장주와 나비는 반

드시 구분이 있을 것이니 이를 일러 물화(物化)라고 한다.[11]

이 얘기를 풀이해보자. 장자가 사람인데 나비였다는 것이 꿈이었는지, 혹은 장자가 나비인데 사람이라고 꿈을 꾸고 있는지를 어떻게 구별하는가? 장자가 나비였다는 것이 꿈이라고 믿게 되는 것은 장자가 사람이라는 것을 전제함으로써만 가능하다. 그리고 상식적인, 아니 보통 우리들의 이러한 전제에서 현실과 꿈, 나비와 사람을 구별한다. 그러나 과연 우리들이 전제하고 있는 믿음이 정말이라는 것을 어떻게 증명할 것인가? 즉 장자가 사람이라는 것은 어떻게 증명될 수 있는가? 만약 이러한 사실을 증명하려면 더 근본적인 전제를 세워야 한다. 그러나 그러한 전제는 나비가 꿈에 지나지 않았다는 사실로는 입증될 수 없다. 이와 같은 입증법은 논리적으로 일종의 순환의 오류를 범하기 때문이다. 그렇기 때문에 상식적인 입장에서 사람이라고 믿어지는 장자를 보다 높은 차원에서 볼 때, 장자가 스스로 사람이라고 생각하는 자체를 꿈으로 볼 수 없지 않다. 물론 이러한 사실의 여부는 논리적으로 보아 상식적인 입장에서는 증명될 수 없다. 왜냐하면 우리들의 상식 자체

---

11 앞의 책, p. 137.

는 그 자체가 스스로의 진부를 증명할 수 없기 때문이다. 여기서 우리들은 보다 높은 차원의 문제에 이르고 있기 때문이다. 따라서 보다 높은 차원에서 생각할 때에 장자가 스스로를 인간이라고 보고 있다는 것 자체, 그가 꿈을 꾸지 않고 꿈을 꾸고 있었다는 것을 의식하고 있는 자체가 하나의 꿈이라고 가정할 수 있다. 위의 나비의 꿈의 예에서 장자가 말하고자 하는 것은 논리적으로 보다 높은 형이상학적 입장에서 볼 때에는 우리가 상식적인 입장에서 의식하는 여러 가지 차별이 궁극적인 차별이 될 수 없다는 것이다. 즉 언어에 의한 차별 이전의 존재는 일반적인 차원에서는 완전히 이해될 수 없다는 것이다.

그렇다고 장자가 상식적인 차원에서 사물을 구명해서는 안 된다라고 말하는 것은 아니다. 오히려 그는 상식적인 차원에서는 '반드시 구별이 있다'라고 강조한다. 그리고 이와 같은 상식적인 구별이 있는 것은 다만 어느 한 차원, 즉 현상적인 차원에 서 있다는 것이다. 이렇게 차원이 다른 입장에서 사물 현상이 지각되고 구별되는 그 자체도 궁극적 존재, 즉 '도'의 모습으로 볼 수 있다.

언어에 의해서 차별되기 이전의 존재, 즉 '자연'은 그와 같은 존재가 차별된 상태, 차별되는 과정 자체를 포함한 모든 것을 가리킨다. 도라고 불린 이와 같은 자연은 결국 절대적 의미로서의 '전체'를 의미하며, 따라서 그것은 '단일한' 것일 수밖에 없다. 한마디로 말해서 '도'란 인간에 의해서 개념화되기 이전의 존재, 인간의 의식으로서 의식과 대립되는 인식 대상의 사물 현상이 아니라, 그러한 의식을 갖고 사물 현상을 대상으로 삼는 인간까지를 포함한 모든 것을 가리킨다. 그렇기 때문에 '도'라는 것은 비록 노장 자신들이 그것에 대하여 일종의 대상으로서 언급하고 있지만, 그 대상은 우리가 흔히 말하는 대상들보다 높은 차원에서만 의미를 갖는다. 만약에 의식, 혹은 대상 등의 개념을 일차적 개념이라고 한다면 '도'라는 개념은 그것들을 포괄하는 상위적 개념, 즉 메타 개념meta-concept이라고 봐야 한다. 이와 마찬가지로 노장이 '도'라는 개념으로 지적하려는 존재는 우리가 상식적인, 아니 비형이상학적인 차원에서 뜻하는 존재에 비하여 한층 높은 차원에서 본 존재, 즉 메타 존재meta-reality라고 이름지을 수 있다.

이와 같이 볼 때 노장 사상의 핵심은 언어와 메타 언어, 존재와 메타 존재를 구별하는 데 있고, 나아가서는 언어를 넘어 메타 언어의 의미를, 그리고 존재를 넘어 메타 존재를 보고자 하는 데 있다.

어느 점에서 노장의 위와 같은 존재론은 심오하다고 볼 수 있는가? 그것은 존재에 대한 새로운 것을 우리로 하여금 발견하도록 해주는가? 만약, '도' 즉 메타 존재가 완전히 포괄적인 단일한 전체를 의미하는 데 지나지 않는다면, 그리고 만약 그러한 '도'에 대한 주장이 결국은 언어와 존재는 사실에 있어서나 논리적으로나 구별된다는 주장에 지나지 않는다면, 그러한 주장은 너무나 트리비얼한, 즉 싱거운 진리가 아닌가? 만약 노장의 존재에 대한 견해가 언어 이전의 존재와 그러한 존재의 인식이 가능함을 주장하는 데 있다면, 그러한 주장은 과연 타당한가? 이와 같은 문제는 인간과 자연의 관계 속에서 보다 잘 이해, 검토될 수 있을 것이다. 왜냐하면 노장 철학은 결국 인간과 자연의 관계에 대한 사색의 결론이기 때문이다. 그런데 자연과 인간의 관계는 결국 존재와 언어의 관계로 귀착된다. 왜냐하면 인간은 동물과 달라서 어느 의미에서 자연과 떨어져 자연 속에서 자연과 더불어 존재하는 데 멈추지 않기 때문이며, 동시에 인간이 자연과는 다른 문화 세계, 즉 인간적 세계에 살고 있는 근본적인 이유는 그가 언어를 사용하는 동물이기 때문이다.

존재와 인간

노장은 언어가 존재와 동일하지 않다는 사실을 지적하

고, 언어에 의해서 차별되고 부분화되고 왜곡되기 이전의 존재 자체를 직접 볼 것을 요구한다. 이와 같은 노장의 요구는 존재가 언어와 독립해서 언어 없이 사고 혹은 인식될 수 있음을 전제로 하고, 언어가 한 존재를 표상하려면 그 언어는 그 존재와 같아야 한다는 언어철학을 전제로 한다. 그러나 언어는 노장 자신들이 지적하고 있는 것과 같이 그 것이 표상하는 존재와 사실상 동일할 수 없다. 따라서 노장은 언어를 비판할 뿐만 아니라 규탄하는 것이다. 그러나 노장의 언어에 대한 비판은 따지고 보면 정당화할 수 없다. 왜냐하면 언어와 존재의 거리는 우연한 사실에 불과한 것이 아니라 논리적으로 불가피한 것이기 때문이다. 또한 노장의 언어에 대한 비판, 나아가서는 그들의 존재에 대한 또 하나의 전제, 즉 존재가 언어 이전에, 언어 없이, 언어와 떼어서 이해되고 인식될 수 있다는 전제의 그 진부는 극히 엄밀히 검토될 필요가 있다.

존재는 언어와 동일하지 않다, 언어는 존재를 왜곡시킨다, 또는 '도'라는 존재는 언어로써는 표현될 수 없다는 주장은 역시 하나의 단언(斷言)assertion이다. 우리는 존재로서의 도(道) 자체를 옳다 혹은 그르다고 말하지만, 사실은 존재 자체에 대해서 그것이 어떤 종류의 것이든 간에 참이다, 그르다라고 말할 수 없다. 존재란 그냥 있을 뿐이지 그것은 결코 옳고 그르지는 않다. '진리' 혹은 '허위'란 말은 존재 자체에 적용될 수 없다. 칸트의 "존재는 서술이 아니다"라는 유명한 말은 바로 위와 같은 경우를 두고 말하는 것이다. '무엇이 있다' 하는 그 자체는 그저 있는 것이지 그것을 무엇무엇으로 서술·진술하는 것이 아니다. '있다'라고 할 때의 '있다'라는 말은, '산은 푸르다'라고 할 때의 '푸르다'라는 말과 논리적으로 전혀 다른 기능을 하고 있다. '있다'라고 할 때의 '있다'가 술어가 아닌 데 비해서 '산은 푸르다'라고 할 때의 '푸르다'는 술어의 기능을 하고 있다. 따라서 전자의 말에 대해서는 진위를 따질 수 없고 오직 후자의 말에 대해서만 진위라는 개념은 적용될 수 있는 것이다. 왜냐하면 한 주어에 대해서 술어가 붙여졌을 때에만 그 말은 비로소 진술의 의미를 갖는 말로 성립되기 때문이다.

이와 같은 논리로 따져갔을 때, '도'가 그저 있는 것을 의미한다면, 즉 어떠한 술어를 붙여서 형용할 수가 없다면 그 말은 진위(眞僞) 이전의 문제에 속하는 말이다. 따라서 그와 같은 노장의 존재에 대한 주장은 사실상 주장이 되지 못하고, 극히 공허한 것으로 끝나고 만다. 왜냐하면 노장의 존재론은 우리들에게 그것이 어떠한 것이라는 것을 전혀 보여줄 수 없기 때문이다. 위와 같은 사실은 결국 언어 이전에 진리라는 개념이 있을 수 없다는 것을 보여준다. '진리'라는 말은 존재 자체에 적용되는 개념이 아니라, 언어, 더 정확히 말해서 어떤 언어에 의한 진술에만 적용되는 개념이다. 존재 자체, '도' 자체는 진리도 아니고 허위도 아니다.

노장 사상은 적어도 그것의 존재론에 있어서 볼 때, 앞서 이미 지적한 대로 언어 이전의 인식 혹은 지각을 전제로 하고 있다. 그래서 노장은 존재를 왜곡하는 언어를 넘어, 그것 이전에 우선 존재를 의식하라고 강조한다. 이와 같은 생각은 노장에 한한 것이 아니고 많은 철학자들에 의해서 자명한 것같이 믿어져왔고, 또한 일반 사람들에게도 두말할 나위 없는 사실이라고 믿어지고 있다. 그럼에도 불구하고 좀더 자세히 생각하고 우리들 자신의 경험을 검토해보면 너무나도 자명한 사실로서 널리 믿어지고 있는 언어와 지각의 관계는 잘못된 생각임을 알게 된다. 한마디로 말해서 사물과 언어, 존재와 언어는 서로 떼어놓을 수 없는 관계를 갖고 있다.

첫째, 논리적인 입장에서 따져보자. x 혹은 y를 지각한다는 것은 어떤 대상이 'x'라는 말로 표현된 개념, 혹은 'y'라는 말로 표현된 개념으로서 의식 속에 들어온다는 말 이상의 무엇이겠는가? 어찌하여 x나 y가 'x'나 'y'라는 말로 표현되지 않고서, 아니 그렇게 표현되기 전에 있다고 하거나 지각된다고 말할 수 있겠는가? 그렇다면 x나 y라는 대상의 지각은 'x'나 'y'라는 말을 떠나서는 논리적으로 가능하지 않다는 것이 당연한 논리이다.

둘째, 현상학적인 입장에서 반성해보자. 우리가 어떤 대상을 지각한다고 할 때 우리는 이미 어떤 언어, 어떤 개념을 적용하고 있지 않나를 반성해보자. 내 눈앞에 있는 담뱃대는 언어도 아니며 개념도 아님은 두말할 나위도 없다. 그러나 내가 그것을 '담뱃대'로서 지각할 때 나는 이미 '담뱃대'라는 말을 그 대상에 적용하고 있지 않나 스스로 반성하면, 어떤 대상은 언어를 떠나서는 지각될 수 없음이 우리들 자신의 지각의 경험으로 볼 때 분명해진다. 언어가 불가피한 것은 비단 어떤 대상을 인식하는 경우에 한한 것이 아니다. 우리들의 사고나 의식까지도 언어를 떠나서는 있을 수 없다.

여기서 강조하고자 하는 요점은, 노장이 자명한 것으로 전제하고 있는 것과는 달리 존재는 언어와 떼어놓을 수 없는 관계를 갖고 있다는 사실이다. 이와 같이 볼 때 콰인이, "존재는 변항(變項)의 가치이다"[12]라고 한 말이 이해된다.

---

12 W. V. O. Quine, "On what there is," in *From a Logical Point of View*, Harper & Row, 1953, 참조.

콰인이 주장하는 것은 무엇이 있느냐라는 문제는 어떤 언어의 체계를 갖고 있느냐에 따라 그 대답이 달라진다는 것이다. 예를 들면 x라는 사물을 놓고 그것이 무엇이냐 할 때, x는 '원자의 집합이다' 혹은 'x는 담뱃대이다'라는 대답이 나올 수 있다. 존재에 대한 그러한 대답이 맞는다고 하는 것은 '원자' '집합' 등의 개념으로 조직된 언어 체계에 x가 맞아들어간다는 말이거나 또는 '담뱃대' 등의 개념으로 조직된 언어 체계에 x가 맞아들어간다는 말이다. 위와 같은 언어 체계가 없다면 우리는 x가 무엇인가라는 질문에 전혀 대답할 길이 논리적으로 막혀버린다.

"지각에는 이미 의미가 잉태되어 있다"[13]란 메를로 퐁티의 말이나 "지각에는 이미 이론이 묻혀 있다"[14]란 말은 지각과 언어가 뗄 수 없는 관계를 갖고 있다는 것을 단적으로 표현해준다. 이러한 사실은 예술사가인 곰브리치에 의해서도 다시 한번 실증되고 있다.[15] 과학적 사실은 가장 객관적인 것이라는 것은 거의 보편적인 사실이다. 여기서 객관적인 사실이라는 것은 보는 사람들의 관점에 구애되지

---

13 Maurice Merleau-Ponty, *La Phénoménologie de la Perception*, Gallimard, 1964, 참조.

14 N. R. Hanson, *Patterns of Discovery*, Cambridge University Press, 1972, 참조.

15 E. H. Gombrich, *Art and Illusion*, Princeton University Press, 1969, 참조.

않고 그런 관점과 관계없이 존재한다는 말이다. 그러나 이러한 과학적 지식도 결국은 언어라는 하나의 인간적 관점에 의해서 달라진다는 것을 과학철학가 쿤은 그의 유명한 저서『과학적 혁명의 구조』에서 강조하고 있다. 과학이 존재한다고 전제하고 그것에 대해 언급하는 물질적 현상은 아무런 관점에도 구애되지 않고 절대적인 위치에 놓여 있는 객관적인 존재가 결코 아니고, 한 과학자가 설명에 사용하는 일종의 모델, 즉 한 언어 체계, 다시 말해 개념 체계에 의해서 결정된다는 것이다. 이러한 체계를 그는 패러다임이라고 부른다.[16] 어떤 패러다임을 갖고 보느냐에 따라 x라는 대상은 A라고도 보이고 B라고도 보인다는 것이다. 어떤 것이건 간에 패러다임 없이는 x라는 것은 지각될 수 없다는 것이다. 패러다임에 x는 A나 B로 보이게 마련이므로 x 자체는 결코 그 자체로서 인식될 수 없고, 그 자체로서 절대적으로 있다고도 말할 수 없다는 것이다. 비슷한 점이 데리다에 의해서 최근 강조되고 있다. 그는 적어도 서양 철학은 언어와 존재의 관계를 완전히 잘못된 대전제에 서 있다고 주장한다. 그 대전제에 의하면 언어를 통한 거리를 두지 않고 직접 존재 자체를 인식할 수 있다는

16 Thomas Kuhn, *The Structure of Scientific Revolution*, The University of Chicago Press, 1962, 참조.

것이다. 그러나 데리다는 이와 같은 전제는 사실과 어긋난 다고 강조한다. 그는 언어와 존재는 거리가 있을 뿐만 아 니라 존재는 그러한 언어를 통하지 않고서는 지각될 수도 없고 인식될 수도 없다는 것이다. 따라서 언어 이전의 객 관적인 절대적 존재를 운운하는 것은 전혀 무의미하다고 말한다.[17]

이와 같이 볼 때 노장의 언어철학 그리고 존재론은 데리 다가 말하는바 서양 철학의 근본적인 전제와 마찬가지며, 따라서 서양 철학의 전제가 잘못된 것이라면 노장 사상도 근본적으로 잘못된 전제 위에 서 있다는 결론이 나올 수밖 에 없다. 그럼에도 불구하고 노장 철학은 서양 철학과 근 본적으로 다른 점이 있고, 그런 점이 노장 철학의 깊이를 나타내는 점이며, 서양 철학이 미치지 못하는 무엇인가를 보충하는 핵심이 된다고 널리 인정되고 있다. 노장 철학 의, 보다 더 정확히 말해서 노장의 존재론의 깊이는 무엇 인가? 우리는 여기서 다시 처음의 문제로 돌아가서 생각 해봐야 할 처지에 이른다.

언어 이전의 존재로 돌아가라는 노장의 구호는, 즉 '도' 로 불리는 노장 철학의 존재는 우리가 알고 있는 존재들과

---

17 Jacques Derrida, *De la Grammatologie*, Edition de Minuit, 1967, 참조.

는 별다르게 딴 곳에 존재하는 것이 아니라, 우리가 언어로써 여러 가지로 차별하여 보는 존재를 차별되지 않은 입장에서 단일한 것, 단 하나의 전체로 볼 수 있다는 것이며, 사실 이러한 존재에 대한 견해, 존재는 차별되고 분리되지 않는 '하나'라는 견해는 우리들이 알고 있는 개개의 존재들을 반성해보면 누구나 이해할 수 있는 극히 당연하고, 상식에 통하는 진리이다. 그럼에도 불구하고 이러한 상식적인 진리가 바로 노장 철학의 깊이를 이루고 있다.

'단 하나로서의 존재' 혹은 '전체'라는 것은 무엇인가? 그것은 어떻게 이해될 수 있는가? 여기서 우리는 '전체'를 두고 말할 때의 논리적인 패러독스에 부닥치게 된다. 무엇이 어떠어떠하다 할 때, 그 말의 대상인 무엇과 그 말을 하는 사람, 또는 주체자와는 논리적으로 구별이 되어야만 한다. 그것들은 각기 서로 떨어져 있어야 한다. 따라서 그 어느 쪽도 전체를 이룰 수가 없다. 이와 같은 논리는 말의 대상이 '전체'라고 할 때에도 해당되며 이때, 전체를 말한다는 것의 역설을 드러낸다. 왜냐하면 '전체'가 논의의 대상이 되려면 전체는 그 자체와는 따로 떨어진 언어의 발언자, 즉 주체자를 전제로 해야 한다. 그러므로 전체는 결코 전체일 수 없다는 결론이 난다. 바꿔 말해서 '전체'가 논의되었다 하는 순간 그 '전체'는 이미 전체이기를 그치고 하나의 부분으로 전락하게 된다. 이와 같은 논리를 인정한다면, 노장이 '전체'를 '도'라 부르고 '도'가 언어로 표현될 수 없다고 주장하게 된 이유가 쉽사리 이해되고 수긍될 것 같지만, 그러한 노장의 주장은 역시 '전체'에 대한 주장이 되기 때문에 논리적 역설을 벗어날 수 없다. 이러한 사실은 절대적 의미에 있어서의 전체, 즉 노장이 말하는 존재의 '전체' 혹은 '단일한 것'을 말하는 주장은 그 내용이 공허하다는 결론이 나온다. 모든 것은 오로지 부분적으로 단절해서 분석될 수 없는 '단 하나'라는 주장의 공허성을 밝혀준다. 그러한 주장은 존재에 대해서 어떤 심오한 진리를 보여주는 것처럼 들리나 사실상은 아무런 새로운 것도 밝혀주지 못한다. 분화될 수 없는 하나의 존재 전체는 그것이 절단과 분석됨으로써만 스스로를 드러낸다.

그런데 노장이 깨닫고 있던 바와 같이 절단과 분석은 오로지 언어를 통해서 이루어진다. 바꿔 말해서 하나의 존재는 그 존재와는 논리적으로 차원을 달리하는 언어를 전제하고 그러한 언어에 비쳤을 때에만 그 스스로를 나타낸다. 이와 같이해서 존재는 언제나 언어와 뗄 수 없는 관계, 어느 의미로서는 언어에 종속되는 필연적인 관계를 갖고 있다. 따라서 언어 이전의 존재, 언어라는 것과 대조되지 않는 전체란 생각할 수 없다. 언어와 존재의 관계는 결국 인간과 존재의 관계에 지나지 않는다. 왜냐하면 언어는 인간의 가장 인간적인 차원을 나타내기 때문이다. 인간이 동물과 다른 것은 인간이 언어를 사용하는 동물이기 때문이다. 이와 같은 점에서 "언어는 존재의 집이다" "인간은 존재의 목동이다"라는 하이데거의 유명한 수수께끼 같은 말이 비로소 이해된다. 그러므로 언어를 떠나서 존재 자체를 이해하라는 노장의 주장은 논리적으로 타당하지 않다.

그렇다면 노장의 존재론이 심오하다는 것은 전혀 근거 없는 것일까? 만약 그것이 심오하다면 그것이 어떻게 해석됨으로써 가능한가? 앞서 '도'라는 개념이 존재 일반, 즉 존재 전체를 하나로서 가리키는 개념임을 강조하였고, 또 존재가 절단될 수 없는, 절단 차별 이전의 전체라는 주장은 그 내용이 전혀 공허하다고 말했다. 더 나아가서는 사실 전체라는 개념을 역설적인 개념이라 하였다. 왜냐하면 전체도 그것이 인식되고 주장되려면 언어에 비쳤을 때만 가능하기 때문이다. 그러나 주의해야 할 것은 존재가 언어와 구별되고, 존재와 언어는 서로 뗄 수 없는 관계를 맺고 있다고 말했지만, 여기서 전체를 말하는 언어는 그러한 전체적 존재와 따로 분리되어 있는 또 하나의 존재라는 말이 아니라는 점이다.

존재 전체와 언어의 관계는 자연과 인간의 관계로 바꾸

어놓아 고찰된다. 왜냐하면 한편으로, 노장에 있어서의 존재 전체는 '도'에 해당되고 '도'는 문자 그대로의 의미로서의 자연, 즉 '스스로 그저 있는 것'으로서의 자연에 불과하고, 또 다른 한편으로는, 언어는 인간을 떠나 생각할 수 없고, 가장 인간적인 측면을 나타내는 것이기 때문이다. 이와 같이하여 자연과 인간의 관계를 놓고 생각할 때, 어느 점에서 자연과 대립될 수밖에 없는 인간은 또 다른 면에서 볼 때 자연의 극히 작은 일부분에 지나지 않음을 우리는 직관으로써 확신한다. 이 사실은 하나의 전체, 차별하고 분단되기 이전의 존재 일반을 직관할 수 있다는 말이다. 이러한 사실은 자연과 인간의 관계가 언뜻 보아 서로 모순되는 것같이 보이는 이중의 관계를 갖고 있다는 의미가 된다. 왜냐하면 우리의 흔들릴 수 없는 직관은 인간이 자연의 일부, 자연과 절단되지 않는 일부임을 확신시켜주지만 그와 동시에 자연을 말하는 순간 우리는 벌써 자연을 의식의 대상으로 삼고, 그러므로 자연과 떨어져 있어야 한다는 논리를 어길 수 없기 때문이다.

자연과 인간의 관계에 있어서, 인간의 의식과 그 대상의 뛰어넘을 수 없는 논리적 거리에 집착한 사르트르는 그러한 거리를 뛰어넘지 못하고, 그 나머지 하나의 존재를 부정하고 결국은 데카르트식의 이원론적 존재론에 머물고

만다. 그에 의하면 논리적으로나 현상학적으로 보아 존재
는 서로 화해할 수 없이 양립되는 완전히 서로 다른 두 개
로 나누어진다. 그 한 가지의 존재는 의식 아닌 모든 사물
현상을 가리킨다. 그에 의하면 오직 인간만이 참다운 의
미에서 의식을 갖고 있기 때문에 인간 아닌 모든 동물도
위와 같은 존재에 속한다. 그는 이러한 존재를 즉자(卽
自)l'être-en-soi, 즉 그냥 있는 존재, 충족된 존재라고 부른
다. 이와 대립되는 존재를 대자(對自)l'être-pour-soi라고 부
르는데 이러한 존재는 막연히 말해서 인간을 가리키지만,
더 정확히 말해서 인간의 의식을 가리킨다. 인간도 육체적
인 동물로서는 즉자에 속하기 때문이다. 즉자와 대자는 서
로 양립할 수 없이 대립되지만 그것들은 동시에 서로 뗄
수 없는 관계를 맺고 있다. 즉자 없는 대자는 불가능하다
고 대자 없는 즉자는 있을 수 없다. 두 개의 각기 다른 즉
자라는 존재와 대자라는 존재는 각기 자신들이 존재하기
위해서 상대편의 존재를 필요로 하는 것이다. 따라서 그것
들의 존재들은 서로 종속되어 있다. 즉 각기 하나만의 존
재는 완전한 포괄적 존재가 되지 못한다. 두 개를 포괄하
는 차원 높은 존재만이 완전한 존재, 존재 전체가 될 것이
지만, 그러한 포괄적 존재는 논리적으로 불가능하다. 따라
서 전체로서, 완전한 것으로서, 존재 일반은 불가능하다.

만약 '신(神)'이 완전한 존재를 가리키는 개념이라면, 그 개념에 해당되는 존재, 즉 신이란 존재는 논리적으로 불가능하다는 것이다.

사르트르의 이와 같은 존재론은 결국 노장이 말하는 '도'라는 존재, 단 하나로서의 존재는 실질적으로 존재하지 않고 논리적으로 생각조차 할 수 없음을 의미한다. 그럼에도 불구하고 앞서 말한 대로 흔들리지 않는 직관을 통하여 의식을 가진 인간, 즉 즉자까지를 포함한 하나로서의 전체를, 인간도 단 하나의 자연의 일부 현상에 지나지 않음을 확신한다. 이와 같이 볼 때 노장의 존재론은 직관에 토대를 두고 있음을 알 수 있다. 사실 노장 사상이 "직관의 사상"이라고 흔히 불리는 데는 충분한 이유가 있을 것 같다. 그뿐 아니라 다음에 자세히 보게 되겠지만, 노장의 인식론이 결국 직관주의인 것은 우연한 일이 아니다. 이와 같은 직관을 인정하고 들어갈 때 우리들은 사르트르가 논리로써 도달한 존재론이 어딘가 잘못이 있다는 결론을 내야만 하게 된다. 그렇다면 사르트르의 논리와 노장의 직관의 모순은 어떻게 풀 수 있는가?

한 사람의 경우를 들어 생각해보자. 누구나 자기 아닌 어떤 대상을 의식할 수 있을 뿐만 아니라 자기 스스로를 의식한다. 이와 같은 자의식의 존재는 부정할 수 없는 객관적 사실이다. 그뿐만 아니다. 더 나아가서는 우리는 자의식을 하고 있는 것 자체를 의식한다. 이 세 가지 경우를 자세히 분석해보자.

어떤 대상을 의식할 때 의식의 주체인 '나'라는 인간과 그 의식의 대상과는 논리적인 거리뿐만 아니라 실질적인 거리가 있다. 그러나 자의식의 경우 의식하는 주체와 의식의 대상인 객체는 논리적으로 보아 서로 떨어져 있지만, 존재의 입장에서 볼 때 그것들의 사이에는 아무런 거리가 없는 동일한 것이다. 이러한 사실은 자의식을 의식한다는 사실에서 더 구체적으로 나타난다. 자의식을 의식할 때 주체로서의 '나'와 객체로서의 '나'는 오로지 서로 뗄 수 없는 전체로서 파악된다. 여기서 의식과 대상의 관계, 즉 객체로서의 나와 주체로서의 나의 관계를 어떻게 보는가 하는 문제가 제시된다. 존재로서는 주체와 객체는 동일하고 오로지 논리적인 입장에서만 그것들은 서로 구분된다. 이와 같은 사실은 인간에 있어서 육체로서의 인간과 의식으로서의 인간을 두 개의 서로 다른 이질적 존재의 신비스러운 결합으로 보지 않고 두 개의 차원으로 봐야 함을 보여준다. 육체로서의 인간을 '존재 차원(存在次元)ontological dimension'으로, 의식으로서의 인간을 '의미 차원(意味次元)semantical dimension'으로 이름지으면 적절할 것 같다.

사르트르나 또 그 이전의 데카르트가 육체와 의식을 양립할 수 없는 것으로 본 까닭은 인간을 오로지 한 가지 차원, 즉 존재 차원에서만 보았기 때문이다. 만약, 이러한 입장을 버리고 인간을 두 가지 차원에서 볼 때, 사르트르가 궁극적인 진리로서 받아들인 즉자와 대자의 모순 대립적 관계는 해소되고, 인간을 분해할 수 없는 하나의 존재로서 받아들일 수 있다. 다시 말해서 존재의 입장에서 볼 때 의식 즉 대자와 그것의 대상인 나의 육체 즉 즉자를 하나의 전체로서 파악할 수 있는 것이다.

  한 인간에 있어서의 의식과 육체의 위와 같은 관계는 그냥 그대로 인간과 자연의 관계로 옮겨놓아 생각할 수 있다. 존재 전체, 즉 자연은 인간의 의식과 대조되며 그것에 의해서 비쳐짐으로써 비로소 그 의미를 갖게 되지만, 그렇다고 그러한 의식을 갖게 되는 인간이 자연 밖에서 떨어져 있는 것은 아니다. 인간이 자연과 분리되어 있다면 그것은 오로지 의미 차원에서뿐이지 존재 차원에서 볼 때에는 인간도 자연의 일부에 지나지 않는다. 요약하면 존재와 그 존재의 의미는 논리적으로 엄연히 다르지만, 그것은 두 개의 독립된 존재가 아니라 하나의 존재에 관한 두 가지 다른 관점에 지나지 않는다. 여기서 의식이란 말을 의미라는 말로, 또 의미라는 말을 언어라는 말로 바꿔 생각할 수 있다. 왜냐하면, 의식이란 어떤 사물이나 현상을 의미로서 파악하는 상태를 말하기 때문이며, 또한 의미는 언어를 떠나서는 생각할 수 없기 때문이다.[18]

자연과 인간의 관계를 위와 같이 의미 차원과 존재 차원으로 갈라서 고찰할 때 노장의 존재론과 언어철학은 비로소 이해되고 정당화될 수 있다. '도'가 언어 이전에 있다는 노장의 주장, '도'는 언어에 의해서 차별되기 이전의 '전체'를 가리킨다는 주장은 존재 차원에서 볼 때, 모순 없이 받아들일 수 있는 것이며, 그러한 주장은 우리들의 흔들리지 않는 형이상학적인 직관과 일치한다. 언어가 존재를 왜곡하고 언어 없이 존재를 인식하라는 또 하나의 노장의 주장은 그들이 불행히도 의미 차원을 존재 차원과 혼동했기 때문에 생겨난다. 만약 그들이 의미 차원을 존재 차원으로만 보지 말고 두 개의 차원이 서로 모순되지 않고 성립됨을 알았다면 그들은 그와 같은 주장을 하지 않았을 것이다.

노장 철학이 위와 같은 점에서 착오를 일으켜 그 착오에 입각한 관점에서 언어에 대한 근본적이고 신랄한 비평을 하고 있지만, 그럼에도 불구하고 그들의 비평은 중요한 의미를 갖고 있다. 왜냐하면 노장 철학의 입장과는 달리 의

---

18 졸저, 『哲學이란 무엇인가』 『現象學과 分析哲學』, 一潮閣, 각기 1976, 1977, 참조.

미 차원에 집착하여 존재 차원을 보지 못한 나머지 데카르트나 사르트르는 언어의 포로가 되었고, 그런 결과로 우리들의 가장 자명한 직관에 의하여 알고 있는 단 하나만의 존재와 어긋나는 이원론을 낳게 됐기 때문이다. 언어의 기능에 대한 보다 철저한 사고를 추구했더라면 데카르트나 사르트르는 이원론적인 존재론을 내세우지 않았을 것이다.

노장의 존재론은 어느 면에서는 너무나 트리비얼한 것이기는 하지만, 위와 같은 역사적 사실을 돌아볼 때 언어의 비평으로서, 그리고 우리가 언어의 포로가 되지 않게 해줄 수 있다는 점에서 극히 심오한 의미를 갖고 있다고 봐야 한다. 우리는 노장을 따라가면서, 인간이 자연의 일부, 인간의 의식도 자연의 한 차원에 지나지 않음을 다시금 깨닫게 되고, 하나로서의 존재, 존재 전체에 대한 우리들의 직관을 다시금 확고히 한다. 이와 같은 노장의 존재, 존재와 언어의 관계는 다음과 같은 장자의 말 속에 가장 잘 요약되어 있다.

손가락을 가지고 손가락이 손가락이 아니라고 하는 것은 손가락 아닌 것을 가지고 손가락이 손가락 아니라고 하는 것만 못 하다. 말(馬)을 가지고 말이 말이 아니라고 하는 것은 말이 아닌 것을 가지고 말이 말이 아니라고 말하는 것

만 못 하다. 천지는 하나의 손가락이며 만물은 하나의 말
〔馬〕이다. (자기에게) 가(可)하면 가하다고 하고, (자기에
게) 불가(不可)하면 불가하다고 한다.

길〔道〕은 그것을 걸어다녀서 이루어지고, 물(物)은 그렇
게 일컬어서 그러한 것이다. 어째서 그러한가? 그러한 데
에서 그러하다. 어째서 그렇지 않은가? 그렇지 않은 데에서
그렇지 않다. 물(物)은 본래 그러한 바가 있으며, 물(物)은
본래 가(可)한 바가 있다. 물(物)마다 그렇지 않은 것이 없
고, 물(物)마다 가하지 않은 것이 없다.

그러므로 이 때문에 가는 대를 드는 것과 기둥을 드는
것, 추악한 여인과 아름다운 서시와 익살과 교활함과 속임
과 기이함은 도에 의하여 통(通)하여 하나가 된다. 그 나누
어짐은 이루어짐이요, 그 이루어짐은 무너짐이다. 무릇 일
체 사물들은 성(成)과 훼(毁)라고 할 것이 없으니 다시 통
하여 하나가 된다.[19]

여기서 장자는 첫째 표상representation 혹은 기호sign의
이론을 제기한다. A라는 기호, 즉 언어가 무엇인가를 가리
키려면 A는 그가 표상하는 그 무엇과 달라야만 한다는 것

---

19 『莊子』, p. 32.

이다. 그래서 손가락으로 손가락을 가리키는 것은 정말 가리키는 것이 아니고, 손가락이 아닌 다른 것으로 손가락을 가리킬 때, 그 손가락이 아닌 것은 손가락을 가리키는, 즉 손가락을 의미하는 기능을 비로소 발휘할 수 있다는 것이다. 그것은 간단히 말해서 존재와 언어 사이에는 논리적인 거리가 있다는 것이다. 따라서 존재를 표시하는 언어는 존재 자체가 아니다. 이러한 점에서 "천지는 하나의 손가락이며 만물은 하나의 말[馬]이다"라는 말이 이해된다. 즉 존재로서의 천지는 언어에 의한 표현 대상이며, 표현 이전에 있는 손가락이나 말에 비유된다는 것이다. "가(可)하면 가하다고 하고, 불가(不可)하면 불가하다"라는 장자의 말은 무엇을 의미하는가? 이러한 장자의 표현은 이른바 동어반복(同語反復), 즉 토톨로지tautology라고 말한다. 즉, 존재로서의 있는 그대로는 그것을 언어로서, 즉 그 자체 아닌 것으로 표현할 수 있는 게 아니라, 그냥 그것일 뿐이라는 것이다.

존재, 즉 '도'라는 전체는 언어로 표현될 수 없어 무엇무엇이라고 할 수 없는데, 그것을 무엇무엇이라고 부르는 것은 그 자체가 무엇무엇으로 차별되어 있었다가 아니라 이름, 즉 언어를 붙임으로써이다. 사물 현상의 변화도 어째서라고 언어로 정말 설명될 수 없다. '사물 자체가 그렇고'라고밖에 말할 수 없다. 우리가 사물 현상을 구별하여 '나뭇가지와 기둥, 혹은 추악한 사람과 뛰어난 미인'들로 갈라내어 생각하는 것은 존재 자체가 그러한 것이 아니라 우리들이 존재를 언어로써 구별하기 때문이다. 그런데 이러한 사실을 깨닫고 언어로 표현된 이전의 존재 자체로서 보면, '도는 이런 것을 모두 동일한 수준에 넣는다'. 따라서 존재 자체의 입장에서 볼 때 언어는 파괴와 같다. 왜냐하면 도는 그저 '하나'일 뿐이기 때문이다.

　노장의 존재론이 언어로 표현되기 이전의 하나로서의 존재, 정신과 물질로 분단되어 생각되기 이전의 일원론적 존재론에 귀착한다면, 그러한 주장이 진리라는 것을 어떻게 알 수 있는가? 여기서 우리는 노장의 인식론에 부닥친다. 그리고 그들의 인식론에 비춰볼 때 그들의 존재론은 더욱 선명해질 것이다.

인식과 직관

　장자(莊子)가 혜자(惠子)와 더불어 호수(濠水)의 징검다리 위에서 놀았다. 장자가 말하였다. 피라미가 조용하게 나와 노니나니 이것이 물고기의 즐거움이다. 혜자가 말하였다. 그대가 물고기가 아닐진대 어떻게 물고기의 즐거움을 아는가? 장자가 말하였다. 그대는 내가 아닌데 어떻게 내가 물고기의 즐거움을 모른다는 것을 아는가? 혜자가 말하였다. 내가 그대가 아닐진대 본래 그대를 모르겠거니와 그대는 본래 물고기가 아닌지라 그대가 물고기의 즐거움을 모른다는 것은 완전하다. 장자가 말하였다. 청컨대 그 본래로 거슬러 올라가보자! 그대가 이르기를 네가 어떻게 물고기의 즐거움을 아는가 운운한 것은 이미 내가 그것을 안다는 것을 알고서 나에게 물은 것이다. 나는 호수 위의 징검다리에서 알았네![20]

이 재미있는 에피소드는 노장의 인식론을 요약해준다. 인식론의 철학적 문제는 우리가 무엇인가를 안다고 할 때 그것을 어떻게 입증할 수 있는가를 밝히는 문제로 귀착한다. 창문 앞의 장미꽃을 바라보고 그것을 안다고 할 때, 또는 $1+2=3$이라는 것을 안다고 할 때 어떤 근거로 그 앎이 입증될 수 있는가? 여기서 우리는 두 가지 대답을 할 수 있다. 전자의 경우 우리는 눈을 떠서 보니까 그 장미꽃이 있음을 알고 있다고 대답할 수 있고, 후자의 경우는 수학

---

20 앞의 책, p. 136.

적 규칙을 따라 그런 것을 알 수 있다는 대답이 나올 수 있다. 위의 두 가지 다른 대답을 갖는 앎을 나누어 전자의 앎을 경험적 앎으로, 후자의 앎을 분석적 앎으로 이름짓는다. 여기서 물론 위와 같은 대답으로 만족스러운 것이 아니다. 왜냐하면 위와 같은 대답은 내가 알고 있다는 것이 사실 그대로, 즉 진리라는 것을 증명하는 것이 아니고, 다만 그러한 앎에 도달하는 수단을 지시하고 있을 뿐이기 때문이다.

여기서 데카르트의 유명한 의문이 인식론적 입장에서 볼 때 정당한 것이었고 심오한 것이었음을 깨닫게 된다. 왜냐하면 우리는 위와 같은 두 대답이 나온 후에도 우리들의 앎이 환상에 지나지 않았나 하는 질문을 할 수 있는 논리적인 근거가 충분히 있기 때문이다. 우리가 의심하지 않고 있는 모든 과학적 지식이란 자체의 진리를 경험을 통해서 직접 얻은 지식이 아니라 사실은 어떤 지식을 전제로 삼아 전제로부터 논리적으로 추리해낸 지식이다. 사물 현상에 대한 이른바 경험적 지식 또는 과학적 지식이 어떤 전제하에서만 가능하다 할 때, 만약 그 전제가 잘못됐다면 그것을 기반으로 한 모든 과학적 지식은 무너지고 만다. 따라서 문제는 기초가 되는 지식, 과학적 지식의 전제가 되는 앎은 논리 이전의 지식일 수밖에 없고, 논리 이전에 얻은 지식이 의심할 수 없는 것이어야만, 그것을 기초로 한 과학적 지식도 믿을 만한 것이 될 것이다.

그런데 이와 같은 과학적 지식은 논리적으로 따져 옳고 그르다고 결정할 수 있지만, 그런 지식의 기초가 되는 앎은 결코 논리적으로 증명될 수 있는 성질의 것이 아니다. 이리하여 모든 지식은 논리적인 입증 이전의 지식으로서, 오직 직관에 의해서만 얻어지는 것이다. 결국 사물 현상에 관한 앎은 궁극적으로 모두 직관에 기초를 두고 있다는 결론이 나온다. 노장의 인식론은 직관주의라 하겠다. 그들은 궁극적 진리는 오직 직관에 의해서만 도달할 수 있다고 믿는다.

경험적 지식의 대상은 두 가지로 나눌 수 있다. 하나는 물리 현상이요, 또 하나는 의식 현상이다. 물리적 현상은 앎의 근거를 관찰에 두지만 의식 현상은 그 성질상 관찰할 수 없다. 그렇기 때문에 의식 현상의 지식에 대한 시비는 인식론에서 더욱 복잡한 문제로 등장한다. 이러한 문제는 앞에서 예로 든 장자의 일화에서 볼 수 있듯이 남의 생각 또는 의식 상태를 어떻게 알 수 있느냐의 문제로 돌아간다. 이런 문제를 근래 철학에서는 '남의 마음을 아는 문제 problem of other mind'라고 부른다.

장자의 일화가 제기하는 문제는 바로 남의 마음을 아는

84

문제이다. 장자는 물고기라는 타자의 마음을 안다고 한다. 이때 혜자가 던진 질문은 극히 난처한 타인의 마음의 문제이다. 혜자의 질문은 철학적으로 극히 타당한 논리를 갖고 있다. 이에 대하여 장자는 혜자의 논리를 빌려 혜자가 자기가 아닌 장자의 의식 상태, 즉 장자가 '물고기의 마음을 알지 못한다는 것'을 어떻게 아느냐고 반문한다. 그러나 장자의 대답은 논리적으로 맞지 않는다. 왜냐하면 혜자가 고기의 마음을 모르고 있음을 안다고 한 것이 아니라, 장자가 고기의 마음을 안다고 한다면 그것을 어떻게 증명할 수 있는 것이냐고 물었을 뿐이다. 혜자의 논리는 당당하고 그의 질문은 정당한 근거가 있는 것이다. 그런데 장자는 결국 논리적으로 혜자를 누르려 하지 않고, 논리를 벗어나서, 논리를 넘어서 비약한다. 장자는 혜자가 논리적으로 설득할 수 없어도 논리 이전에 직관으로 혜자 자신이 자기가 알고 있었음을 알고 있다는 것이며, 이러한 앎은 구질구질한 논리로써 따지지 않고도 자명하다는 것이다.

어떠한 앎에도 궁극적으로는 그 밑바닥에 직관을 전제로 하지만 그렇다고 모든 직관이 다 같이 정당한 것은 못된다. 왜냐하면 흔히 두 사람은 서로 다 같이 직관적으로 알고 있다 해도 경우에 따라 두 사람의 직관은 서로 양립할 수 없기 때문이다. A라는 사람은 하나님이 존재한다는 것을 직관으로 알았다고 확신하며, B라는 사람은 하나님이 존재하지 않는다는 것을 직관으로 알고 확신한다 할 때 둘 중 하나는 용납될 수 없는 주장이기 때문이다. 만일 백보를 양보해서 맞은 직관만 정말 직관이라고 주장한다면 그러한 주장은 일종의 순환 논법으로 논리적인 오류를 범하고 있다. 왜냐하면 한 직관이 맞았다는 직관을 증명하려면 역시 직관에 근거를 둬야 하는데, 그렇다면 그런 직관을 어떻게 보장하느냐의 문제가 계속 꼬리를 물고 나오기 때문이다.

위와 같은 철학적 문제를 따지기 전에 우선 직관적 앎이 무엇인가, 그러한 주장이 인식의 대상이나 언어에 관하여 무엇을 의미하게 되는가를 생각해보자. 직관은 문자 그대로 의식이 그것의 대상과 직접 접하는 것을 의미한다. 그래서 직관은 추리적 앎과 대립된다. 다른 말로 바꿔 말하면 직관적 앎은 의식과 그 의식의 인식 대상 사이에 아무런 매개 없이 이루어지는 순간적으로 얻어지는 앎이다. 다시 말해서 지적인 작용 없는 앎이다. 그렇다면 직관이 모든 앎에 있어서 없어서는 안 될 근본 요소이긴 하나, 과연 직관이 모든 앎을 설명할 수 있는가 하는 문제가 곧 나오게 되는데, 그러한 문제는 뒤에서 따져보기로 하고, 오로지 직관이 모든 앎의 길이라는 노장의 인식론이 무엇을 의미할 것이며, 그것이 노장의 존재론과 더 나아가서는 노장의 문화에 대한 근본적인 태도, 철저한 반지성주의의 입장과 어떻게 관련되는가를 생각해보자. 위와 같이 직관주의를 규정할 때, 직관주의 인식론이 언어를 비판하고, 반문화적이며, 반지성주의를 갖게 되는 것은 당연하다. 왜냐하면 언어는 의식과 그것의 대상을 매개하는 것으로 나타나며, 이처럼 언어를 인식의 매개로 한다는 것은 대상에 대한 우리들의 경험을 어떤 질서를 마련하는 개념 속에 정리한다는 것을 의미하며, 또한 그처럼 개념의 틀에 넣는다는 것은 지적인 작업을 가린다는 것이기 때문이다.

그뿐만이 아니라 직관주의 인식은 존재를 절단한 상태로서, 분석적으로 볼 수 없고, 오로지 하나의 전체로서만 봐야 하는 존재론적 논리적 결과를 갖게 마련이다. 왜냐하면, 언어를 중매로 해서 사물을 인식한다는 것은 그것을 무엇무엇으로서, 즉 무엇무엇과 구별해서 하나의 선명한 테두리 안에서 본다는 것에 지나지 않기 때문이다. 이 같은 존재론적 결과에서 볼 때 노자의 '희언자연(希言自然)',[21] 즉 자연은 말이 드물다라는 생각, 또는 '유물혼성(有物混成)'[22] 즉 뒤죽박죽된 존재라는 주장이 이해된다.

---

21 『老子』, 제23장.
22 위 책, 제25장.

똑같은 관점에서, 장자의 널리 알려진 말, 즉 '조삼모사(朝三暮四)'[23]라는 말도 이해된다. 자연 전체, 즉 '도'는 언어로 표현될 수 없고 언어로 표현되기 이전의 상태라는 말이 되며, 그러한 자연은 언어에 의해서 개념적으로 분석되기 이전의 뒤섞인 상태라는 것이다. 이런 점에서 '도'를 '무'라고 하는 이유가 밝혀지게 된다. '무'란 것은 없다는 말이 아니다. 만약 '무'를 없다는 말로 해석한다면 그 말은 완전히 자가당착이다. 왜냐하면 '도'가 가장 근본적인 존재라 한다면 어떻게 존재가 없다는 말이 성립될 수 있겠는가? 언어 이전의 존재를 하나의 전체로서 보지 않고, 그것을 언어에 의해서 분석 차별해서 본다면, 그것은 '전체'의 관점을 잃고 3+4가 4+3보다 많다고 생각하며 기뻐하는 어리석은 원숭이의 관점을 벗어나지 못하는 것과 똑같다. 그래서 "모든 사물이 하나인 사실을 인정치 않고 사물의 개별성에 집착하여 지력(知力)을 소모시키는 것을 조삼모사라는 것이"[24]라고 장자는 설명한다. 이와 같이 직관에 의해서 인식된 대상은 언어로 표현될 수 없다. 이것을 '지자불언 언자부지(知者不言 言者不知)'[25] 즉 아는 이는 말

---

23 『莊子』, p. 32.
24 위 책, p. 32.
25 『老子』, 제56장.

이 없고 말이 있는 이는 알지 못한다라고 노자는 말한다.

존재 전체로서의 도는 언어를 매개로 하지 않고 오로지 직관에 의해서만 인식될 수 있다는 노장의 인식론은 과연 어느 만큼이나 인식에 대한 철학적 해답으로서 만족스러운가? 이에 대한 대답은 긍정적인 동시에 부정적이다. 앞서 지적한 바 있지만, 비단 '도'라는 개념에 의해서 나타나는 존재가 그 자체는 절단할 수 없는 '하나' '하나의 전체'에 대한 앎뿐만 아니라 모든 종류의 앎은 궁극적으로 직관적 앎을 바탕으로 하고 있다. 그러나 노장이 주장하고 있는 것과 같이 직관은 언어 이전에 가능한가? 앞서 말했듯이 일반 사람들뿐만 아니라 과거는 물론 오늘날의 많은 철학자들이 자명한 사실로서 믿고 있는 것과는 달리, 직관 자체도 언어를 떠나서는 가능하지 않다고 믿는다. 사물 현상에 대한 직접적 앎, 직관뿐만 아니라, 우리의 사고 혹은 의식 상태도 언어 없이 있을 수 없다는 것을 필자는 주장하고 싶다.

만약 이와 같은 필자의 주장을 인정할 때 직관은 노장이나 현재의 많은 철학자들이 생각하고 있는 것과는 달리 언어 이전에는 없다는 결론이 나온다면, 직관이라는 개념은 무의미한가? 우리는 여기서 그러한 개념을 버리지 말고, 그 개념이 사물 현상에 대한 혹은 딴 경험에 대한 가장 기초적인 인식으로 해석하면 된다. 그러한 직관에 의한 인식은 그 자체로써는 논리적으로 옳고그름을 따질 수 없다. 왜냐하면 그러한 지식은 인식에 대한 논리적 이론이 이미 전제하고 있는 것이기 때문이다.

이와 같이 따져갈 때 노장이 주장하는 직관 인식은 세 가지 점에서 비평될 수 있다. 첫째, 노장의 인식론에 의하면 참다운 인식은 오로지 직관적인 것이고, 직관적인 것은 언어로 표현될 수 없다. 그들은 언어 이전의 인식을 자명한 사실로 전제한다. 그러나 그러한 개념은 무의미하다. 왜냐하면 의식과 그 대상의 직접적인 부딪침을 직관이라고 한다면, 그것은 다만 또 하나의 현상, 자연현상 안의 현상에 지나지 않지 결코 인식이라고는 말할 수 없다. 어떤 대상이 무엇무엇이라고 언어로 진술됐을 때에만 비로소 우리는 그것을 인식이라고 말할 수 있다. 이와 같이 인식이란 개념은 사물 현상에만 적용되지도 않고 언어에만 적용되지도 않는다. 그것은 언어가 사물 현상을 진술한다 했을 때 진술하는 언어에 적용되는 말이다.

여기서 노장은 인식에 대한 근본적인 오해를 하고 있다. 그 이유는 그들이 앞서 말했듯이 존재 차원과 의미 차원을 혼동한 데 기인한다. 둘째, 일보를 양보해서 노장이 말하고자 하는 직관적 인식은 사실은 언어 이전의 인식을 말하는 게 아니라, '도'라고 하는 존재 전체는 그것을 무엇무엇으로 따로 분석해서 파악될 수 있는 것이 아니라 오로지 분석될 수 없는 '하나의 존재' 혹은 '전체'로서 그러한 '하나의 존재' 혹은 전체는 '도'라는 개념 혹 '전체'라는 말로 밖에는 표현될 수 없고, 그러한 말의 개념은 딴 여러 가지 말들의 개념으로 분석할 수 없다는 것을 말하고자 할 따름이라고 해석하자. 그렇다면 그러한 노장의 말은 옳다.

그러나 그러한 옳은 사실은 우리의 인식에 대한 여러 가지 의문을 풀어주지도 않고 존재에 대한 이해를 전혀 도와주지도 않는다. 달리 말해서 그러한 노장의 인식론은 공허하다. 왜냐하면 그것은 이른바 분석적인 진리로서, 우리가 이미 알고 있는 것 이외에는 더 새로운 것을 우리에게 밝혀주지 않기 때문이다. 셋째로, 백보를 양보해서 비록 공허한 진리이지만 그러한 진리를 우리에게 깨우쳐준다는 의미에서 노장의 인식론을 높이 평가한다고 하자. 그러나 우리들의 인식에 대한 보다 중요한 문제는 존재 전체, 즉 도를 도로서 어떻게 아느냐의 문제가 아니라 그 도라는 존재 전체를 언어에 의해서 어떻게 개념화하여 조직하느냐 하는 것을 밝히는 데 있다.

하나의 대상, 더 나아가서 존재 일반은 무한한 형태로 절단해서 언어로 개념화할 수 있다. 예를 들면 하나의 나무는 그것을 화학적 성분으로 세 토막으로 혹은 널빤지로 혹은 여러 조각으로 나눌 수 있다. 나무를 이와 같이 절단하고 분석하는 이유는 근본적으로 그러한 작업이 얼마나 인간의 실천적 필요를 채워주느냐에 따라서 그 의미를 갖는다. 한 나무를 절단 분석할 때, 우리가 그 경우 무엇을 요구하느냐, 즉 우리들의 실천적 목적이 무엇이냐에 의해 여러 개의 나무통으로 또는 화학적 성분으로 제각기 달리 요리될 수 있다. 이와 마찬가지로 존재 일반을 가리키는 '도'를 어떻게 나누느냐, 어떻게 전달하고 요리하면 인간의 실천적 목적을 가장 적절히, 가장 효율적으로 충족시켜 줄 것이냐를 결정하는 것에 진정한 인식의 기능이 있고 또한 의미가 있다. 바꿔 말해서 인식의 문제는 위와 같은 문제를 밝히는 데 있을 것이다. 인식의 문제는 막연히 전체 일반, 즉 '도'라는 것을 의식하는 데 있지 않고, 그것들의 여러 가지 차원을 형성하는 사물 현상을 우리들의 실천적 필요에 가장 적절하게 절단 차별하여 그것들 간의 관계를 밝혀내는 데 있다. 과학이란 별게 아니라 바로 위와 같은 작업을 목적으로 한다.

인식의 문제가 실천적 문제와 뗄 수 없는 밀접한 관계를 가졌다는 것, 즉 우리가 무엇을 원하느냐에 따라 사물 현상을 보고 그와 관계를 맺는 각도가 달라진다면, 분석적인 앎, 이성에 의한 조직적인 앎을 거부하고, 전체적인 앎, 직관적인 앎을 주장하는 노장의 인식론은 노장의 실천적 목적, 노장이 원하고 또 원해야 한다고 믿는 것이 무엇인가와 뗄 수 없는 관계를 맺고 있을 것이다. 그리고 그들의 인식론은 노장의 실천적 목적, 즉 그들의 관심과 이상이 무엇인가를 암시할 것임은 당연한 논리이다.

좀 숙고하면 노장의 존재에 대한 견해나 인식에 대한 주장이 실천적인 문제와 얼마큼 깊은 관계를 갖고 있는가 하는 것은 원래 존재론적인 개념인 '도'가 실상은 우리들의 행위의 방향을 암시하는 실천적인 개념으로 해석되고 또 그렇게 해석됨으로써만 노장 사상 전체가 하나의 체계를 지닌 사상으로 이해됨을 쉽사리 납득할 수 있다. 노장에 있어서의 실천의 문제는 단순히 그것이 존재론이나 인식론과 밀접한 관계를 갖고 있을 뿐만 아니라, 오히려 실천의 문제가 그들 사상의 가장 핵심을 차지하고 있음은 노장을 언뜻 읽은 사람이면 누구나 쉽사리 납득할 것이다. 동양 사상 전체가 그렇지만 특히 노장 사상은 서양 사상에 비해 수행(修行)과 실천적인 입장에서 문제를 보고 실천적인 문제를 해결하려는 데 그 뚜렷한 특징을 갖고 있다. 실천에 대한 노장의 직접적 이론은 그들 사상의 종교적 차원에서 나타난다. 뒤집어 말해서 노장 사상의 존재론·인식론이라는 철학적 측면에서 그 사상의 궁극적 가치의 차

원, 즉 종교적 측면으로 우리의 관심을 돌릴 수가 있으며,
이러한 측면이야말로 노장 사상의 핵심이 됨을 알게 될 것
이다. 그리하여 우리는 종교로서의 노장 사상을 검토해야
할 차례에 이른다.

3 '무위'와
실천

종교로서의 노장 사상

　사람의 삶은 항상 움직임으로 나타난다. 이런 점에서 인간의 삶은 동물의 삶이나 사물들의 현상과 다르지 않다. 그러나 사람의 움직임은 대부분의 경우 사물 현상이나 동물의 움직임과 달리 자기 자신의 의사에 의해서 결정된다. 이런 점에서 사람의 움직임을 행위라 불러 그 밖의 움직임인 사건과 구별된다. 행위해야만 하는 삶을 갖고 있기 때문에 인간의 존재는 자연의 존재와 달리 그냥 있는 존재가 아니라 실천적 존재이다.

　실천의 문제는 궁극적으로 '어떻게 사느냐?' 하는 문제이다. 이러한 문제는 인간이 갖고 있는 욕망 혹은 목적 또는 이상과 논리적으로 뗄 수 없는 관계를 갖고 있다. 어떻게 사느냐 하는 문제는 인간의 욕망이나 이상을 해결하는 문제이다. 생물로서 사람은 우선 의식주를 충족시키기 위해 딴 동물들과 마찬가지로 행동해야 하겠지마는, 인간은 딴 동물과 달리 한 사회에서 함께 살아야 하는 다른 인간들과의 관계를 생각하지 않으면 안 된다. 한 사회에서 함께 살아야 하는 인간들의 이해관계는 흔히 충돌되고 알력이 생긴다. 이러한 알력을 조절하기 위한 어떤 행위의 규칙이 필요하게 된다. 사회인으로서 한 사회에서 어떻게 살아야 하느냐, 한 사회의 일원으로서는 어떠한 규칙에 따라 행동해야 하느냐는 문제가 이른바 윤리적 문제를 이루고 있는 것이다. 흔히 그리고 대부분의 경우 사람들의 행위의 문제는 생물적 욕망을 채우는 일과 사회적 관계를 조절하는 일, 즉 생물적 행위와 윤리적 행위의 문제로 끝난다. 대부분의 사람들은 대부분의 경우 생물적 욕구를 채우고, 또 사회적 알력을 피하는 일로 급급하고 있지 않을 수밖에 없기 때문이다.

그러나 인간에게는 위와 같은 두 가지 행위의 문제보다도 더 근본적인 행위의 문제가 나온다. 아무리 하루하루를 급급히 살아가는 가운데에도 성장해서 철이 난 사람이면, 동물로서 그리고 사회인으로서 살아가는 인간의 '의미', 궁극적 인생의 의미가 무엇인가 하고 묻게 되며 누구나가 궁극적으로는 직면해야 할 죽음의 의미를 묻게 되고 또 묻지 않을 수 없다. 인생을 하나의 사건으로 볼 때, 우리들은 인생 자체에 대해서 어떠한 태도로 행동해야 하는가? X라는 집을 짓고 Y라는 물건을 축적하느냐 안 하느냐 하는 문제나, 혹은 A라는 사람을 존중하고 B라는 사람을 도와야 하느냐 안 하느냐 하는 문제를 넘어서 인생 자체를 어떻게 대하는가? 이러한 문제를 던질 때 우리는 이미 종교적인 차원에 들어선다. 이러한 문제에 대한 대답은 곧 종교적인 행위에 대한 대답이 되는 것이다.

물론 여기서 나는 '종교'라는 말을 넓은 의미로 사용하고 있다. '종교'에는 두 가지 의미가 있다. 좁은 의미로서의 종교는 인간 문제의 궁극적 해답으로서 어떤 특정한 초월적인 인격적 존재나 또는 경험으로써는 증명될 수 없는 어떤 형이상학적인 교리를 의미하고, 그러한 교리를 믿는 행위를 가리킨다. 이런 의미에서 기독교·힌두교 또는 불교를 종교라고 부르고 플라톤이나 헤겔의 형이상학을 종교라고 부르지 않을 뿐만 아니라 유교나 도교, 즉 노장 사상도 종교라고 부르기가 어렵다. 그러나 플라톤이나 헤겔의 형이상학이나 유교를 종교라고 끝내 부르지 않는 경우에도 흔히 도교, 즉 노장 사상은 종교라고 부른다. 이와 같은 이유를 후에 타락되고 미신화된 노장 사상이 좁은 의미의 종교의 형태를 갖추어 도교의 사원 등이 생겼다는 사실에서 찾으려 하는 사람이 있을지 모른다. 그러나 필자의 의견으로는 종교화된 도교는 정말 노장 사상이 아닐 뿐만 아니라 오히려 그 반대이다. 하지만 반종교적 사상으로 해석해도 노장 사상은 넓은 의미에서 종교라고 불릴 충분한 근거를 내포하고 있다.

신학자 틸리히는 신앙을 정의하면서, 그것은 '궁극적 관심ultimate concern'[1]이라고 말했다. 틸리히가 말하고자 하는 것은 어떤 특수한 교리를 믿지 않아도, 한 인간이 자기의 삶과 우주 전체 혹은 존재 전체와의 궁극적 관계에 관여할 때, 그는 이미 종교를 갖고 있다는 것이다. 다시 말하면 한 인간이 자신의 인생에 대한 궁극적 의미를 찾고 그런 것을 믿을 때 그는 넓은 의미에서의 종교인이라는 것이다. 노장이 어떤 특수한 교리를 제시하지 않지만 그들의 사상의 핵심, 그들의 가장 근본적인 문제는 인간에게 그들 나름대로의 살아갈 근본적인 태도를 제시하는 데 있다. 노장은 우리에게 우리의 근본적인 문제에 대해서 근본적인 해결책을 제시하고자 한다. 그들은 우리가 근본적인 입장에서 어떻게 살아가야 하나를 보이고자 한다. 이런 의미에서 노장 사상을 하나의 종교라고 볼 수 있다.

---

1 Paul Tillich, *Dynamics of Faith*, Harper & Row, 1957, 참조.

실천적 차원에서 보았을 때의 종교적 대답의 예로서는 힌두교에서의 '업(業)karma', 불교에 있어서의 '선(禪)dhyana', 기독교에 있어서의 '기도(祈禱)prayer' 등을 들 수 있다. 노장 사상에 있어서의 '무위(無爲)'란 바로 위와 같은 개념들에 해당된다.

공포와 우환

마르크스는 종교를 인민의 아편으로 보고 니체는 노예적 인간들이 자기들의 정신적 고통을 복수하려는 수단으로 발명해낸 세계관이라고 말했다. 종교는 전자에 의하면 지배자의 발명이며 후자에 의하면 피지배자의 발명이 된다. 두 가지 의견이 비록 다르기는 하지만 그것들은 종교를 인간과 인간 사이에서 생기는 이해의 충돌에서 해석하려고 한다. 이와는 달리 프로이트는 인간이 죽음에 대한 인간의 힘으로 해결할 수 없는 공포에서 벗어나기 위해 발명해낸 것이라고 설명한다. 위의 세 가지 이론이 다 같이 종교적 교리를 진리로 보지 않고 하나의 '환상'으로 보고 있는 데는 일치하며 프로이트의 이론이 문자 그대로 옳다고는 할 수 없지만 종교가 사회적 문제에 대한 해답이 아니라, 사회적 문제를 초월한 죽음이란 궁극적 문제에 대한 해답이라고 볼 때, 프로이트의 이론이 진리에 가깝다고 믿는다.

인간에게는 사회적 문제, 즉 이 세상에서 살아가는 가운데에 생기는 문제를 넘어서 그보다도 더 근본적인 문제, 즉 우주와의 관계 속에서 생각되어야만 하는 문제가 있다. 이러한 문제에 대한 해답의 추구가 종교의 형태로 나타난다. 그 문제는 결국 인간 또는 모든 사물 현상의 궁극적 의미를 어디서 찾는가 하는 문제이며, 더 좁게 말해서는 나라는 한 인간의 삶과 우주, 또는 존재 전체와의 관계를 어떻게 봐야 하는가에 대한 문제이다.

프로이트는 이러한 문제가 나오게 되는 이유를 죽음에 대한 공포, 인간 힘의 궁극적 무력의 자각에서 찾았다. 그러나 좀 생각해보면 반드시 죽음의 인식에서 나온 것이라고만은 볼 수 없다. 인간의 욕망에는 한이 없다. 가장 기본적인 욕망이 채워졌더라도 욕망이 계속되고 있는 이상 인간은 결코 생에 대해 만족을 느낄 수 없다. 그리고 죽음이라는 궁극적인 문제 이전에 인간은 어떠한 사회에서 어떠한 권력을 갖고 살더라도 항상 무한한 잔걱정을 떠날 수 없다. 병이 늘 위협하고, 대인 관계에는 신경을 써야 한다. 비록 일방적인 생각이긴 하겠지만, 힌두교나 불교가 삶을

'고통'으로 보아왔다는 사실은 우연이 아니다. 사르트르 같은 실존주의자도 이런 관점에서는 불교의 입장과 다르지 않다. 그에 의하면 인간은 '무의미한 수난'이기 때문이다.

요컨대 인간은 현세에 대한 불만을 의식하고 그것의 궁극적 의미를 의심하게 된다. 이런 의미에서 기독교·이슬람교도 예외가 아니다. 비단 종교적 이론이 아닌 플라톤의 철학에서도 이런 점에선 다를 바가 없다. 이러한 생각은 로맨티시즘 문학 사상에서도 뚜렷이 볼 수 있다. 고통 혹은 불만스러움은 하나의 근본적 인간 조건인 셈이다. 이러한 인간 조건의 궁극적인 원인을 어디서 찾으며, 인간 조건으로 갖고 있는 고통의 궁극적인 해결을 어떠한 방법에서 찾아야 하느냐에 따라 크게 두 가지 서로 다른 종교적 대답으로 나타난다. 그 하나는 초월적 인격신(人格神)을 믿는 종교이고 또 하나는 그러한 인격신을 전제하지 않는 종교이다. 전자는 유대교·기독교·이슬람교에서 그 예를 찾을 수 있고, 후자는 힌두교·불교·도교, 즉 노장적 종교관에서 그 예를 들 수 있다.

종교를 넓은 의미에서 인간과 궁극적 존재의 궁극적 관계를 밝히고 해결하는 견해로 생각할 때, 인격신을 믿는 종교는 궁극적 존재를 초월적인 것, 우리가 현재 살고 있는 세계와 별도로 떨어져 있는 존재로 보며, 인격신을 인정하지 않을 때 궁극적 존재는 별개가 아니라 우리가 살고 있는 세상과 일치한다. 따라서 해결되어야만 할 인간 조건은 인격신을 믿는 종교에 있어서는 신과 인간의 종속 관계에서 해석되고, 인격신을 믿지 않는 종교에서는 존재 전체로서의 자연 그 자체와의 관계 속에서 해석된다. 그리고 전자의 경우 신과 인간의 관계는 '공포'의 관계로 나타나며 후자의 경우 자연과 인간의 관계는 '우환'의 관계로 나타난다. 그리하여 가장 대표적인 인격신을 믿는 기독교는 인간의 공포의 해결을 문제로 삼게 되고, 인격신을 가장 분명하게 부정하는 노장의 종교는 인간의 우환의 해결을 문제로 삼게 된다. 기독교는 '죄'를 강조한다. '원죄'를 저지른 인간은 신 앞에서 무릎을 꿇고 공포에 떤다. 인간은 항상 신에 의해서 벌을 받을까 공포에 떠는 위치에 놓여 있다. 그는 신의 명령에 복종해야 한다. 그래서 야곱이나 아브라함은 모든 이성적인 이해를 넘어선 '신'의 명령에 전혀 이해가 되지 않으면서도 무조건 복종하고 그럼으로써만 비로소 구원을 받게 된다. 이에 반해서 노장의 종교에 있어서 '죄'라는 개념 혹은 '벌'이란 개념은 전혀 의미를 갖지 않는다. 만약 그런 개념이 의미를 갖는다면 그것은 오로지 사회적, 즉 논리적인 개념으로서만 의미를 갖지 종교적인 의미는 없다. 노장의 문제는 죄나 벌, 그리고 그와 병행한 공포가 아니라, 인간의 어리석음에서 생기는 착각과 착오, 그리고 거기에서 생기는 우환이 문제가 된다. 그래서 장자는 말[馬]을 잘 다룬다는 백락(伯樂)이 겪는 우환을 빙자하고[2] 도둑을 막으려고 상자를 단단히 묶은 사람이 당하는 우환을 지적한다.[3] 반대로 장자는 '도'에 몸을 바쳤을 때 한 요리인이 경험하는 쉽고 즐거운 효과를 얘기한다.[4]

인간의 해결되어야 할 근본적 문제를 우환으로 보고 있는 노장의 종교는 그들의 존재론과 맞아들어가고 그와 반면에 인간의 근본적인 문제를 공포나 죄로 보는 기독교의 종교는 서양 철학의 가장 밑바닥에 깔려 있는 형이상학과 일치한다. 플라톤에서 데카르트 그리고 사르트르로 내려오는 형이상학은 근본적으로 이원론적 존재론이다. 이에 반해서 노장의 존재론은 앞에서 길게 살펴보았듯이 일원론이다. 인간의 근본적인 문제는 인간과 그것과 초월적인 관계에 서 있는 다른 존재 사이의 죄와 벌, 위협과 공포는 오직 존재를 두 가지의 다른 것으로 나누었을 때만 가능하지만, 우환은 하나의 존재 속에서 생기는 문제에 지나지

---

2 『莊子』, p. 80 참조.
3 위 책, p. 83 참조.
4 위 책, p. 39 참조.

않는다.

그렇다면 인간의 우환은 어떤 때에 해결됐다고 생각될 수 있는가? 우환의 해결이란 무엇일 수 있는가? 이러한 문제는 종교적 목적에 관한 문제가 된다.

구원과 해탈

인간의 보편적이며 궁극적인 조건을 기독교에 있어서처럼 죄로 보느냐 혹은 노장에 있어서처럼 우환으로 보느냐에 따라 그러한 인간 조건에 대한 해결은 두 가지의 다른 방법이 있게 된다. 문제의 해결은 첫째의 경우 신앙으로 생각되고 둘째의 경우 앎으로 생각된다. 기독교는 이성으로써는 증명될 수 없는 인격신의 계시를 받아 신앙에 도달하며, 신앙된 신에 의한 구제를 바란다. 이와 같이 볼 때 기독교의 종교는 근본적으로 의타적이다. 나 아닌 절대자에 복종함으로써 그 절대자로부터 수동적으로 구함을 기대한다. 이와 같이하여 인간의 근원적 병인 죄를 용서받고 이곳으로부터 딴 곳, 초월적인 어느 세계, 즉 천당으로 들어갈 패스포트를 받는 데 있다. 기독교는 한곳, 즉 우리가 현재 살고 있는 현상적 세계에서 딴 곳, 즉 신이 도사리고 있는 딴 곳으로 옮겨가는 데에서 인간 문제의 근본적인 해결이 있다고 본다. 이와 같은 구원(救援)은 오로지 어떤 절대적 인격신을 앎으로써가 아니라 맹목적으로 믿음으로써 이루어진다. 신앙, 즉 '믿음'이란 말을 '앎'이라는 개념과 대립해서 해석할 때 기독교적 종교의 성격은 더 확실해진다. 신앙은 앎을 포기하고 초월할 때 얻어지는 의식 상태이다. 파스칼이나 키에르케고르의 주장은 별게 아니라 신앙과 앎의 뛰어넘을 수 없는 거리이며, 신앙은 앎을 포기했을 때에만 가능하다는 것이다. 그래서 그들은 각기 신앙적 '도박'을 주장하고 비약적 '결단'을 강조한다. 위의 두 사상가들의 견해야말로 기독교, 넓게는 인격신을 인정하는 모든 종교의 핵심을 밝혀낸 것으로 믿어진다.

이와 같은 인간의 종교적 해결에 대한 견해와는 정반대로, 동서를 막론하고 많은 사상가들은 인간의 근본적인 문제를 해결하는 데 있어서 앎의 절대적 중요성을 주장해왔다. 그들에 의하면 인간의 해결되어야 할 문제는 그것이 근본적인 것이건 아니건 간에 앎을 통해서만 가능하다고 주장하는 것이다. 플라톤이 "알고서 나쁜 짓을 하는 경우는 없다"고 말했을 때 그는 모든 악이나 불행의 근원이 무지(無知)에 근원을 두고 있다고 말하려는 것이다. 그는 앎의 대상이 변화하는 현상 세계가 아니라 영원불변한 가사 세계(可思世界)

intelligible realm를 구성한 형태forms 즉 관념적인 존재인 이데아ideas라고 믿었으며, 그러한 존재는 지각으로써가 아니라 오로지 지성intellect에 의해서만 알 수 있다고 주장했다. 플라톤의 유명한 정치철학도 위와 같은 그의 형이상학에 의해서 이해된다. 그는 한 국가의 군주, 즉 통치자는 민중이 아니라 철학자이어야만 한다고 주장한다. 왜냐하면, 여기서 철학자는 진리를 알고 있는 사람이기 때문이다. 옳은 것을 알 때에 옳은 행동을 할 수 있으며, 어떠한 사회 국가를 조직하고 어떻게 민중을 영도하느냐 하는 문제는 무엇이 옳은 사회이고 무엇이 옳은 국가인가에 대한 앎을 전제로 하기 때문이다. 플라톤과 비슷한 생각은 힌두교나 초기 불교에서 찾아볼 수 있다. 이 두 가지 종교의 교리에 의하면, 각기 종교가 진리라고 믿고 있는 형이상학적 존재의 구조를 앎으로써만 속세로부터 각기 '해탈moksha'되거나 '열반nirvana'의 경지에 도달할 수 있다. 그래서 예를 들어 힌두교의 주장에 따르면, 한 인간이 아무리 완전히 자기의 '업'을 닦더라도, 그가 만약 네 가지 계급 가운데서 제일 위의 계급에 속하지 않는 한 완전한 '해탈'은 바랄 수 없다. 왜냐하면 힌두교의 진리를 완전히 배울 수 있는 것은 오로지 제일 위의 계급으로 태어났을 때에만 가능하기 때문이다.

노장에 있어서도 인간의 궁극적인 해결은 신앙이나 복

종이나 기도에 의해서가 아니라 플라톤이나 힌두교 그리고 초기 불교에 있어서와 마찬가지로 앎을 통해서만 이루어질 수 있다. 그러나 앎에는 두 가지가 있다. 노장에 있어서와 앎과 그 밖의 철학이나 종교에서 말하는 앎과는 완전히 일치하지 않는다. 후자가 말하는 앎은 어떤 새로운 대상을 발견하는 의미를 갖고 있지만 전자의 경우에 있어서 앎은 이미 알고 있는 대상에 대한 새로운 관점을 갖고 깨닫는 데 있다. 이러한 앎의 차이는 '인식'으로서의 앎과, '해탈' 즉 깨달음으로서의 앎으로 나눌 수 있을 것이다.

해탈한다는 것은 무엇인가? 깨닫는다는 것은 무엇인가? 어째서 해탈이 깨닫는 것과 같은가? 한 수학 문제를 생각해보자. 그 수학 문제가 풀리지 않았을 때를 비교해보자. 이 두 가지 경우 우리가 대하고 있는 앎의 대상은 변함이 없다. 그 문제는 두 경우 변하지 않는 숫자와 수식으로 우리 의식 앞에 주어져 있다. 그 문제를 풀 줄 안다는 것은 새로운 대상을 발견하는 것이 아니라 이미 눈앞에 보이는 숫자와 수식의 관계를 이해하는 데 지나지 않는다. 그것은 다름아니라 같은 의식의 대상이 새롭게 보였다는 것이며, 새롭게 보였다는 것은 새로운 것이 나타나서가 아니라 우리들이 새로운 각도에서 보았기 때문이다. 이와 같은 경우에 있어서의 앎이란 의식 외부에 있는 대상의 문제가 아니라, 의식 안의 내면적 문제이다. 이와 같은 앎은 심리적으로 무한한 해방감을 준다. 이러한 해방, 즉 해탈은 밖으로부터 벗어나는 심리적 결과가 아니라, 이때까지 한 의식이 갇혀 있던 관점의 울타리에서 벗어나는 해방이다. 비슷한 예를 정신분석학적 치료에서도 찾아볼 수 있다. 이 치료가 원리로 하고 있는 것은 깨달음, 즉 해탈로의 앎이다. 정신분석 치료는 두말할 것 없이 하나의 치료이다. 그러나 이러한 치료는 약을 마시거나 수술을 받아서 이루어지는 것이 아니고 치료를 받는 병자가 스스로 의식하고 있지 못했던 정신적 문제의 원인을 의식함으로써이다. 따라서 앎이, 즉 스스로의 문제를 깨닫는 것, 스스로의 문제를 자의식하게 하는 것이 정신 분석 치료의 방법이다. 이러한 방법은 앎이 곧 치료라는 것, 즉 앎이 곧 문제를 해결하는, 고통으로부터 해방하는 길이 된다는 것을 원칙으로 하고 있다. 앎은 곧 해탈이 되고 해탈은 곧 치료이다.

　노장이 치료하려는 것은 어떤 특정한 심리적인 문제, 어떤 특정한 육체적인 문제, 어떤 특정한 고통이나 병, 즉 우환이 아니라, 우환 자체, 즉 우환성(憂患性)이다. 노장의 문제나 정신 분석 치료 의사의 문제가 다른 것은 그 우환이 근본적인 것이냐 아니냐 하는 점, 그 우환의 치료를 근본적인 입장에서 보느냐 아니냐는 점에 있을 뿐이다.

인간의 근본적 조건으로서의 우환의 근본적인 치료 방법, 즉 종교적인 해결 방법을 위해서 설명한 뜻으로의 해탈, 즉 깨달음으로 보고 있는 것은 비단 노장에 있어서뿐 아니라 후기 불교 특히 선불교에서도 찾아볼 수 있다. 불교적 해탈은 책을 많이 읽거나 경험을 많이 쌓거나 많은 사물 사건을 개별적으로 알거나 해서 이루어지는 것이 아니라, 눈을 감은 채 아무것도 보지 않고 앉아서 명상을 함으로써 이루어지는 것이다. 이런 해탈을 통해 '도통(道通)'하고 '열반'의 경지에 이른다.

그렇다면 위와 같은 의미에서의 해탈은 보다 구체적으로 어떻게 설명될 수 있는가? 이미 있는 모든 사물 현상을 새로운 각도에서 본다는 것, 그럼으로써 깨달음에 도달한다는 것은 무엇인가? 종교적 차원에서 보았을 때의 정신분석이란 무엇인가?

① 山是山, 水是水
② 山不是山, 水不是水
③ 山是水, 水是山
④ 山是山, 水是水[5]

---

5 靑原惟信禪師, 『景德傳燈錄』 卷二十二, 高亨坤, 『禪의 世界』 참조.

산은 산이고 물은 물이었다고 믿었는데

산은 산이 아니고 물은 물이 아니구나.

산은 물이고 물은 산으로 보이는데

산은 역시 산이고 물은 역시 물이로다.

무한한 깊이를 지닌 어느 불선인(佛禪人)의 이 말을 노
장이나 불교에서 말하는 해탈의 의미를 가장 간결하고 적
절히 표현한 예로 들 수 있다. 언뜻 보아 위의 네 진술은
극히 어리석은 얘기처럼 보인다. 그러나 이 네 진술 전체
는 한없이 깊은 의미를 갖고 있다. ①이나 ④에 있어서 문
자만을 볼 때 똑같다. 그러나 그 밑바닥에 깔려 있는 의미
를 볼 때, ①과 ④의 두 진술은 방대하게 다른 의미를 갖
고 있으며 그것들 사이에는 엄청난 거리가 놓여 있다. 구
체적으로, 아니 보다 정확히 말해서 우리들의 육체적 눈에
비쳐 보이는 산과 물은 두 경우에 똑같다. 그것들은 두 경
우에 있어서 전혀 변함이 없다. 그러나 청원(靑原)의 철학
적 눈에는 그것은 완전히 서로 다른 두 가지 현상이다. 다
시 말하면 완전히 서로 다른 의미를 띠고 있다. ①에 있어
서의 산과 물〔水〕이 상식적인 눈으로 본 산과 물인 데 반하
여 ④에 있어서의 산과 물은 완전 해탈의 차원에서 본 산
과 물이다. 바꿔 말해서 ①과 ④에 있어서 물질적으로는

똑같은 산과 물이지만, 의미적으로 즉 논리적으로 볼 때는 전혀 다른 산과 물이다. ①의 차원이 ④의 차원으로 옮겨가는, 아니 승진(昇進)하는 과정에는 ②와 ③이란 차원이 가로놓여 있다. ①의 차원에서 생각을 좀더 밀고 나갈 때 우리는 산과 물을 의심할 수 있게 된다. 이것이 바로 ②의 차원이다. 서양 철학에서 볼 때 데카르트가 도달한 경지는 겨우 이와 같은 차원 ②가 고작이었다. 그러나 ②에서 생각을 보다 파고들면 ③의 차원에 이른다. 여기서 우리는 산과 물을 의심하는 데 그치지 않고 산과 물을 바꿔서 볼 수 있다. 그러다가 다시 더 생각을 끌고 가면 우리는 산을 산으로 그리고 물을 물로 볼 경지에 이른다. 우리의 눈은 ①에서 ④까지 엄청나게 달라졌다. 여기서 달라졌다는 말은 밝아졌다, 깨닫게 됐다는 뜻과 마찬가지가 된다.

전위예술가인 뒤샹Marcel Duchamp은 1900년 초에 변기를 있는 그대로 끌어다 놓고 '샘물Fountain'이라는 이름을 붙여 예술 작품이라고 불렀고, 그것은 이미 귀중한 작품으로 공인되어 있다. 근래 와서 이른바 컨셉튜얼, 즉 개념 예술 아트conceptual art 또는 파운드 오브제found object라는 예술이 널리 유행하게 되었다. 이와 같은 예술이 제기하는 문제는 예술 작품과 예술 작품이 아닌 것의 관계를 밝히는 문제이다. 하나의 물질로서는 하나의 사물 혹은 하나의 사건은 그것이 예술 작품이라고 불릴 때든 그렇지 않을 때든 전혀 다를 바가 없다. 그러면서 그것들이 예술품으로 취급될 때와 그렇지 않을 때와는 엄청난 논리적 차위(差位)가 있다. 앞서 든 산과 물에 대한 ①과 ④의 관계는 한 사물이나 사건이 예술 작품으로 취급될 때와 그렇지 않을 때의 관계와 일치한다. 한 사물이 사건을 예술 작품으로 보느냐 그렇지 않으냐가 겉보기로는 결정될 수 없는 것과 마찬가지로 산과 물이 ①로 보이느냐 ④로 보이느냐는 겉보기만으로는 가려낼 수 없다. 비유를 바꿔 노장이 말하는 해탈도 그것을 겉으로 보아서는 결정할 수 없는 것이다. 이와 같은 관점에서 비로소 다음과 같은 장자가 말하는 얘기의 의미가 파악된다.

'남곽자기(南郭子綦)'가 탁자에 의지하고 앉아 하늘을 우러러 천천히 숨을 내부니 죽은 듯하며, 그 대상을 잃은 것 같았다. 그 제자 안성자유(顔成子遊)가 앞에서 모시고 서 있더니 이르기를 무엇 때문입니까? 몸은 본래 고목(槁木)과 같게 할 수 있으며, 심(心)은 본래 사회(死灰)와 같게 할 수 있습니까? 지금 탁자에 의지하고 있는 분은 이전에 탁자에 의지했던 분이 아닌 것 같습니다. 자기가 말하기를 언(偃)이여! 좋지 않은가! 그대의 물음이여! 오늘 나(吾)는 나〔我〕를 잃었으니 너는 그것을 아는가? 너는 사람의 피리 소리는 듣고 땅의 피리 소리를 아직 듣지 못했으며, 너는 땅의 피리 소리는 듣고 자연의 피리 소리는 듣지 못했는가?[6]

자기(子綦)와 자유(子遊)는 똑같은 곳에서 똑같은 자연적 환경 속에 똑같은 것을 보고 있지만 자기가 보는 것을 자유는 보지 못하고 있다. 해탈의 경지는 자유가 듣지 못하는 땅의 음악과 하늘의 음악을 들을 수 있는 자기의 앎을 의미한다. 그렇다면 어떻게 하여 자유는 자기의 경지에 이를 수 있는가? 그들 간의 차위는 어디서 오는 것인가? 바꿔 말해서 해탈이 새로운 각도에서 사물 현상을 이해하는 데 있다면, 구체적으로 그 새로운 각도란 무엇인가? 그것은 별게 아니라 소승적(小乘的)인 입장을 떠나 대승적(大乘的)인 입장에서 보는 것, 부분으로서가 아니라 오직 하나만의 전체로서 사물 현상을 보는 것을 의미할 따름이다. 그것은 또 다른 말로 말해서 우리의 해탈 이전의 관점은 상대적임을 자각하는 것을 의미한다. 이와 같이 관점을 바꿈으로써 우리들은 우리들의 편협된 집착에서 해방될 수 있으며, 따라서 우리들의 우환에서 탈피할 수 있

6 『莊子』, p. 29.

게 된다.

　모장(毛嬙)과 여희(麗姬)는 사람들이 아름답다고 하나 물고기가 그들을 보면 깊이 숨어들고, 새가 그들을 보면 높이 날아오르고, 고라니와 사슴이 그들을 보면 재빠르게 도망가는데 넷 가운데 누가 천하의 바른 색(色)을 알겠는가?[7]

　이와 같이 우리들이 상식적인 점에서 알고 있고 가치로 생각하고 있는 모든 것이 우리들의 좁은 테두리에서 보인 상대적인 것임을 깨달을 때, 우리는 우주적인 입장에서 사물 현상을 보고, 우리들의 우환을 벗어나 무엇이 닥치더라도 언제나 지락(至樂)의 경지에 도달하고 그것을 받아들일 수 있게 된다. 다시 말해서 우리는 니체가 말하는 뜻과 비슷한 뜻에서, 아니 그보다도 더 높은 경지에서 선악의 피안에 서서 관조적인 입장에 설 수 있다. 그렇기 때문에 장자는 상식적으로는 생각할 수 없지만, 자기의 아내가 죽었을 때도 질동이를 치며 노래하고[8] 삶에의 헛된 애착을 버리고 죽음을 받아들여 해골의 입장을 이해하고 그 자신도 삶과 죽음의 피안에서 유연자약할 수 있게 된

---

7 앞의 책, p. 35.
8 위 책, p. 139.

다.[9] 왜냐하면 이와 같은 경지에 섰을 때, 아직도 삶의 작은 벼슬에 집착하고 있는 혜자(惠子)를 비웃을 수 있게 된다.[10] 그리하여 우리는 다음과 같은 것을 깨닫는다.

인성(人性)은 빌려온 것이다. 빌려서 생긴 몸에 생긴 혹과 같은 것은 때와 먼지처럼 하찮은 것이다. 죽고 사는 것은 밤과 낮처럼 자연스러운 변화이다. 뿐만 아니라 나와 그대가 사물의 변화를 관찰하고 있는데 그 변화가 나에게 닥쳤거늘 내가 또 무엇을 싫어하겠는가?[11]

이와 같이 볼 때 노장에 있어서의 앎, 즉 해탈은 기독교에 있어서의 구제와는 달리 전체와 인간, 하나로서의 존재와 개별적 사물 현상으로서의 관계를 깨닫는 것이다. 그것은 요컨대 앞서 길게 살펴본 하나로서의 존재, 즉 '도'의 의미를 깨닫는 일이다. 이러한 깨달음으로써 인간은 비로소 그의 우환에서 근본적으로 해방되어 나올 수 있다. 아니, 그러한 우환을 앎의 햇빛으로 용해해버릴 수 있게 되는 것이다. 그렇다면 해탈은 우리를 어디로 인도하는가?

---

9 앞의 책, p. 140.
10 위 책, p. 36.
11 위 책, p. 140.

해탈할 때 우리는 딴 세계에 옮겨가는가? 아니면 우리가
달라지는가?

속세와 열반

　종교가 추구하는 것이 '죄'라든가 '고통'이라든가 혹은
'우환'으로 진단된 보편적이며 근본적인 인간의 불만스러
운 조건의 해결에 있다면, 종교의 목적은 그러한 인간 조
건에서 떠나는 것으로 생각됨은 극히 자연스러운 논리다.
사실 대체로 종교뿐 아니라 철학적 입장에서 볼 때 부정적
으로 판단된 삶 자체에서 떠나는 것이다. 그렇다고 종교가
원하는 것이 삶 자체를 부정해서 죽음을 찾는 것은 아니
다. 종교적 인간의 근본적 해결이 삶 자체를 떠나는 데서
찾으려 한다는 것은 우리가 현재 살고 있는 삶과는 다른
형태의, 보다 이상적인 삶을 찾는 데 있다. 이곳에서 삶을
부정하는 것은 삶 자체를 부정하는 것이 아니라, 삶을 긍
정함에서 나타나는 것이고, 보다 완전한 삶을 원하기 때문
이다. 따라서 종교에 나타나는 현세적 삶의 부정(否定)은
사실상 삶에의 강한 애착을 의미한다.
　삶 자체를 부정하는 것이 아니라 오직 이 세상에서의 삶

에 대한 불만을 가졌을 때 우리가 찾는 참다운 삶은 이 세상 아닌 딴 세상, 이 세상과는 구별되고 떨어져 있는 딴 곳에서의 삶이 될 것이다. 이와 같이 볼 때 많은 종교가 이 세상과는 구별되는 딴 세상을 믿고, 많은 철학이 역시 이 세상과는 다른 딴 세계가 있음을 주장하는 것은 당연하다. 그리하여 플라톤은 존재를 현상과 실체로 구별하여 참다운 존재는 현상과는 다른 별개의 실체라고 믿었다. 또 한편, 유대교 · 기독교 · 이슬람교는 현세와 구별되며 그 위에 있는 천당을 믿고, 힌두교나 어떤 파의 불교에서는 아트만 atman이라고 부르는 속세와 구별되는 브라만 brahman의 세계를 믿는다. 이와 같은 종교나 철학은 존재론적 입장에서 볼 때 이원론을 바탕으로 한다. 존재 전체는 단일한 것이 아니라 열등하다고 볼 수 있는 존재와 완전하다고 보는 존재로 분리되어 있다. 플라톤에 있어서의 '진리'나 기독교에 있어서의 '구원 salvation'이나 힌두교에 있어서의 '해탈 moksha'은 하나의 열등한 세계로부터 또 하나의 완전한 세계로 옮겨감을 의미한다. 그것은 일종의 자발적인 이민과 비슷하다. 플라톤에 있어서 진리는 현상의 세계의 환상에서 가사 세계(可思世界)라고 부르는 실체의 세계에 눈을 뜸을 의미하고, 기독교에 있어서의 구원은 현세에서 천당으로 옮겨감을 의미하고, 힌두교에 있어서의 해탈은 아트만이란 현상적 속세에서 브라만이라고 부르는 비현상적 세계로 빠져나감을 의미한다.

한 나라에서 모든 물질적 혹은 사회적 여건으로 보아 도저히 빈곤과 불행에서 헤어날 수 없다고 판단되었을 때, 특별한 이유가 없으면, 그 두 가지 조건이 보다 이상적인 나라로 이민코자 함은 당연한 심리이며 그러한 방법이 유일한 해결책이라는 것은 역시 당연한 논리이다. 언뜻 보아서 이 세상의 모든 면을 객관적으로 검토하고, 도저히 만족스럽지 못할 뿐만 아니라 고통스럽다고 믿었을 때, 이 세상 아닌 딴 세상, 행복할 수 있는 객관적 조건이 좋은 딴 세상을 희구하고 그곳으로 이민코자 함은 한 나라에서 딴 나라로 이민코자 하는 심리나 논리와 꼭 마찬가진 것같이 보인다. 그러나 위와 같은 두 경우는 반드시 마찬가지가 아니다. 비단 한 나라에서 딴 나라로의 세속적인 이민이 어려운 것보다, 이 세상에서 딴 세상으로의 종교적 즉 초월적 이민이 훨씬 어렵다는 점이 다르기는 하겠지만 그러한 차이는 더 근본적인 데 있다. 불만스러운 한 나라에서 딴 나라로 이민을 갈 때, 우리는 이민할 수 있는 딴 나라가 사실로 존재함을 알고 있다. 그러나 한 세상을 떠나 이민하려는 초월적 세계가 따로 있는지 없는지는 결코 실증될 수 없다. 여러 종교가 전제하는 그러한 초월적 세계가 없다는 결론이 오늘날 우리가 알고 있는 흔들릴 수 없는 과학적 지식과 우리들의 일상 경험을 합리적으로 따져갈 때 오히려 타당한 결론인 것이다. 이와 같이 볼 때 이미 니체, 마르크스, 프로이트와 같은 여러 종교비평가들이 주장하고 있듯이 종교적 세계는 인간의 소원이 만들어낸 상상적 세계이지 실제로 존재하는 것이 아니라고 봄이 더 타당하다고 믿는다. 우리들의 삶은 딴 곳에 옮겨갈 수 없다. 바꿔 말해서 우리들은 현세 또는 속세 그리고 또는 현상의 이 세계에서만 살 수 있는 것이지 딴 곳에의 삶이나 이 세상 외에 딴 세상이 있다고는 믿기 어렵다.

그렇다면 종교가 추구하는 인간의 궁극적 해결은 포기되어야 하는가? 기독교 혹은 힌두교가 생각하고 있는 것과 같이, 만약 인간의 죄나 삶의 고통의 궁극적 해결은 이 세상 아닌 딴 세상에서만 찾을 수 있다면, 그와 동시에 그러한 세상이 존재하지 않는다는 것을 인정하게 된다면, 인간의 궁극적인 해결, 즉 종교적인 해결은 포기될 수밖에 없다는 것이 엄연한 논리적 결론이 될 것이다. 이러한 결론은 결국에 종교가 무의미한 것임을 말한다. 왜냐하면 그러한 결론은 종교가 찾고자 하는 해결이 실질적으로뿐만 아니라 논리적으로 도저히 불가능하기 때문이다.

그러나 다행히도 새로운 대답이 있다. 그것은 바로 노장의 대답이다. 노장은 두 개의 세상을 인정하지 않는다. 그리고 인간의 우환이란 궁극적 문제는 이 세상에서 충분히 해결될 수 있다. 인간의 우환은 그 원인이 외부 조건에 있지 않고 우리들 자신의 내부, 우리들 자신의 생각에 달려 있기 때문이다. 문제의 해결은 딴 곳으로 이민을 가서 해결될 수 있는 것이 아니라 우리들 자신의 생각을 바꿈으로써 이루어진다. '천당'이나 '열반'은 딴 곳에서 찾아낼 수 있는 별개의 세상이 아니라 이 세상에서, 아니 우리들 자신의 마음 속에서 찾아낼 수 있을 뿐인 것이다. 참다운 존재는 현상과 떨어져 있는 실체가 아니라 현상 그 자체가 실체요, 실체가 바로 현상이다. 그리하여 노장은 이른바 플라톤적인 실체와 현상이란 두 존재가 사실은 두 개 떨어져 있는 분간할 수 있는 존재가 아니라 똑같은 하나의 존재의 '은현(隱顯)'을 의미할 뿐이라고 주장한다. 다시 말해서 실체와 현상은 똑같은 하나로서의 존재의 표리(表裏)와 같은 관계를 갖고 있을 뿐이다. 모든 것의 근원으로 믿어지는 '음양(陰陽)'은 두 개의 존재가 아니라, 두 개의 이질적인 것이 합친 것이 아니라, 처음부터 두 개로 나눌 수 없는 하나로서의 존재의 두 가지 차원을 말할 뿐이다. 노자는 이른바 실체와 현상, 천당과 현세, 속세와 열반이 서로 갈라놓을 수 없는 하나의 존재임을 '동기진(同基

塵)'[12] 즉 도란 존재는 티끌 먼지와 같은 것이라고 설명한다. 말하자면 우리가 현재 살고 있는 세상이 '천당'이요, 우리가 살고 있는 삶이 '구원'이라는 뜻이 된다. 모든 것은 다 같고 하나이다.

이런 점에서 기독교의 종교와는 다르고 노장의 종교관과 같은 종교관을 후기의 불교, 특히 선불교에서 볼 수 있다. 이러한 불교에 의하면 '속세'와 '열반'은 똑같은 것이라고 한다. 열반은 딴 세상에서 찾을 수 있는 것이 아니라 이 세상, 즉 우리가 현재 지옥처럼 여기면서 살고 있는 '속세'가 바로 그것이라는 것이다.

이와 같이 볼 때 기독교에서 말하는 천당, 불교에서 말하는 열반 그리고 노장이 말하는 해탈은 별게 아니라, 우리가 흔히 생각하는 것과는 달리 세상은 오직 하나만의, 하나로서의 세상임을 깨닫는 가운데서 찾을 수 있는 것이다. 달리 말해서 노장의 입장에서 볼 때 열반 혹은 천당은, 우리가 두 개로 아니 여러 개로 갈라놓은 하나만의 존재를 다 되찾는 데 있다. 아니, 되찾는다느니보다는 언뜻 보아 여러 개로 갈라졌다고 보이는 존재, '나'라는 인간과 떨어져 있는 것으로 생각되는 존재가 우리들의 무지(無知)와

---

12 『老子』, 제4장.

소승적(小乘的)인 관점에서 기인된 환상에 지나지 않으며, '나'를 포함한 모든 사물과 사건, 삶과 죽음이 하나의 현상, 하나의 존재임을 깨닫는 데 있다는 것이다. 우리의 궁극적 해결은 간단히 말해서 '도'로서의 자연을 자각하는 데에 있다. 그렇다면 그러한 자연이란 무엇인가? 사물과 사건, 삶과 죽음이란 모든 현상은 어떻게 보았을 때 자연 그대로 보았다고 할 것인가?

그것은 다름아니라 사물 사건을 있는 그대로 볼 때다. "우마(牛馬)는 각기 네 발을 가졌다"[13]는 것을 다시금 깨닫고, "타고난 기능은 변경할 수 없다"[14]는 것을 다시금 자각할 때, 그리고 "면치 못한 것은 천명(天命)"[15]임을 깨달을 때, 우리는 '자아'의 의미, '도'의 의미를 비로소 알게 된다. 다른 말을 빌려 하자면 모든 사물 사건 현상의 변화도 오직 하나로서의 존재의 여러 차원 혹은 측면에 불과하다는 것, 즉 윤회의 원리에서 있음을 깨닫는 일이다. 그리하여 장자는 또한 설명한다.

나라 안에 어떤 사람이 있으니 음과 양 어느 쪽에 치우치

---

13 『莊子』, p. 133.
14 위 책, p. 134.
15 위 책, p. 134.

지 아니하고 천지 사이에 처(處)하여 잠시 사람이 되었지만 머지아니하여 근본의 세계로 돌아갈 것이다. 근본으로부터 보건대 살아 있다는 것은 기(氣)가 모인 것이다. 비록 오래 살고 짧게 사는 것이 있으나 그들의 차이가 얼마나 되느냐? 눈 깜짝할 사이에 지나가버린다는 말인데 어찌 족히 요(堯)는 옳고 걸(桀)은 그르다고 따질 만한 게 되겠느냐? 〔……〕 사람이 천지 사이에 사는 것이 마치 햇빛이 틈 사이를 지나가듯이 한 찰나에 지나지 않는다. 쏟아져 나오듯이 왕성하게 일어나듯 하여 나오지 않는 것이 없으며 스며들듯이 고요적적하듯이 들어가지 않는 것이 없다. 이미 변화에 따라서 생겨나고 또 변화에 따라서 죽어가거든 살아 있는 것들은 슬퍼하며, 인류는 비통해한다. 자연의 활전대에서 빠져나오고 자연의 책갑을 부수게 될 것이다(육체에 속박되어 있다가 죽게 되면 벗어남을 비유함). 뒤섞여 어지러이 이리저리 돌아서 혼백이 가려거든 곧 몸도 그에 따르나니 이것이 곧 영원히 돌아가는 것이다.[16]

이와 같은 만물에 대한 윤회적 관점을 취할 때 우리는 무엇이 닥쳐오든 그것을 운명이라 하여 이를 조용히 받아

---

16 앞의 책, p. 174.

들일 수 있다. 그래서 자상(子桑)의 입을 빌려 장자는 또한 다음과 같이 말한다.

나는 나로 하여금 이 지경에 이르게 한 것을 생각해보았으나 알아내지 못하였다. 부모인들 어찌 나를 가난케 하고 싶었겠는가? 하늘은 사사로이 덮어주지 아니하고 땅은 사사로이 실어주지 않으시니 천지인들 어찌 나를 사사로이 가난케 하리오? 그렇게 하게 한 것을 찾아보았으나 알아내지 못하였으니 그런데도 이 지경에 이른 것은 명(命)일인저![17]

희로애락 그리고 죽음까지를 하나로서의 대자연의 이치에 따른 결과로서 운명이라 보고 그것을 받아들일 때 우리는 이미 천당 혹은 열반의 경지에 가까워지며 장자가 다음의 얘기에서 말하는 진인(眞人)의 자세를 갖출 수 있게 된다.

옛적의 진인(眞人)은 생을 즐거워할 줄 모르며 죽음을 싫어할 줄 몰라서 그가 생겨나온 것을 기뻐하지 아니하며 그가 죽음의 세계로 들어가는 것을 항거하지 아니하여 걸

17 앞의 책. p. 68.

림 없이 갔다가 조용히 올 뿐이다. 생명이 시작한 바를 묻지 아니하며 그것이 끝나는 것을 찾지 아니하며 받는 대로 기뻐하며 잊고서 돌아가나니 〔……〕 이와 같은 사람은 그의 마음이 무심하며 그 용모는 고요하며 그의 이마는 매우 질박하니 엄숙하기는 가을과 같고 온화하기는 봄과 같아 좋아하거나 성내는 감정이 네 철이 운행하는 것 같아 사물들과 잘 어울리되 그 끝을 알 수 없다.[18]

이와 같이 모든 사물 현상을 바라볼 때 인간의 우환의 근본적인 해결은 밖으로부터 얻어지는 것이 아니라 우리의 내부에서, 우리의 모든 사물 현상에 대한 정신적 태도에서 찾아진다. 해탈이란 결국 우리들의 과거의 편협한 태도나 관점으로부터의 탈피에 불과하고, 천당이나 열반은 우리들이 그런 탈피를 통해서 얻는 심리적, 아니 정신적 상태에 지나지 않는다. 모든 사물 현상을 어쩔 수 없는 대자연의 이치로 볼 때 우리는 어떠한 일에 부닥치더라도 유연자약하여, 죽음 앞에서도 마치 부처, 석가모니의 미소가 상징하는 마음의 평화와 즐거움을 얻을 수 있다는 것이다. 이런 것을 장자는 지락(至樂)이라 부른다.

---

18 앞의 책, p. 62.

그러나 노장이 주장하는 이와 같은 지락이 과연 가능하며 또한 가능할 수 있는가? 그러한 심리적 혹은 정신적 태도가 정상적인 인간에게 적합할 수 있는가? 인간이 종교에서 해결하려는 문제가 과연 노장이 말하는 지락인가? 과연 노장의 해결은 엄밀한 의미로서 해결이 될 수 있는가? 과연 근본적인 해결이란 의미를 갖는가?

노장이 주장하는 것은 우리들이 구체적인 일상생활에서 부딪치는 자질구레한 우환을 고치려는 것이 아니라, 그러한 우환을 초극하라는 것이며, 그러한 문제를 하나하나 구체적으로 해결하라는 것이 아니라, 그것을 무시함으로써 심리적으로 해소하라는 것이다. 이러한 주장은 우리들이 인간으로 살아감에 떠날 수 없는 물질적 혹은 정신적 조건을 극복하라는 것에 지나지 않게 된다. 그렇다면 우리는 이미 삶 자체를 떠나야 하고, 삶에서 생기는 여러 가지 욕망을 버리라는 결론이 된다. 결국 노장은 삶의 조건을 떠난 삶, 행복의 조건을 떠난 행복을 찾으라는 결론이 된다.

그러나 이와 같은 요구는 그 자체가 모순이다. 우리들의 문제, 즉 우환은 우리들의 일상생활 조건, 우리들의 인간 조건, 삶의 조건에서 필연적으로 생기는 것이며, 행복 또는 우환으로부터의 해탈도 우리들의 구체적인 생활 조건 안에서만 찾을 수 있는 것이다. 사고 싶었던 물건을 사는 데서, 가지 못한 곳을 구경하는 데서, 만나고 싶었던 사람을 만나는 데서, 감동을 주는 책 한 권을 읽은 데서, 죽을 것 같았던 꽃 한 송이가 살아가는 것을 보는 데서, 쓰리던 뱃속이 가시는 것을 체험하는 데서 우리들은 크나큰 기쁨을 느낀다. 노장이 말하는 기쁨이란 물론 위와 같은 시시한 기쁨, 상대적인 기쁨이 아니라 절대적 기쁨, 불교에서 열반이라고 부르는 지락을 말함을 우리는 이해한다. 그러나 이러한 지락도 오로지 시시한 구체적인 생활 속에서만 얻어지는 것이 아닐까? 도스토예프스키는 그의 한 소설 주인공을 통해서, "만약 자기가 굶주린 배를 지금 채울 수 있다면 당장 우주를 버리겠다"고 말했다. 사실 우리들에게는 도스토예프스키처럼 시시한 것들을 위해서 인생은 물론 우주까지를 버리고 싶은 때가 있기도 하다. 시인을 지망하는 젊은이는 보들레르를 읽으면서 자기도 이 시인과 같은 감동 깊은 시를 하나만 쓸 수 있다면 삶을 포함한 모든 것을 버리고 싶은 생각에 사로잡힐 수 있다. 어떤 사람에게는 아름답고 멋있는 센텐스 하나만 쓸 수 있다면 죽어도 원한이 없다는 생각이 나며, 역시 많은 사람에게는 사랑하는 이와 한 번만 멋진 키스를 하면 죽어도 원한이 없다는 생각이 가끔 든다고 필자는 믿는다. 다시 말하자면 이른바 절대적 기쁨, 즉 열반 혹은 지락도 우리가 하나의 인간으로서 살아가면 갖게 되는 시시한 욕망들을 채우는 데서만 들을 수 있는 것 같다.

이와 같이 볼 때 노장뿐만 아니라 모든 종교가 말하는 절대적 기쁨은 그 의미를 잃게 된다고 봐야 할 것이다. 만약 이러한 기쁨, 즉 천당이나 열반이나 지락이 무슨 깊은 의미를 갖는다면 그러한 기쁨은 상식적인 의미로서의 기쁨과 전혀 딴 의미를 가짐으로써 가능할 것이다. 사실 종교에서 말하는 기쁨은 우리들의 어떤 욕망을 종속시키는 데서 생기는 결과가 아니라 욕망 자체를 완전히 버리는 데서 오는 정신 상태를 의미한다. 그것은 한마디로 인간 조건을 초극하라는 뜻을 갖게 된다. 이런 종교적 가르침이 주장하는 것은 고통 혹은 우환이란 문제의 해결이 아니라 그러한 문제의 해소이다. 종교가 요구하는 것은 결국 인간 조건을 포기하는 데 있다. 이러한 해결이 과연 가능한가 하는 문제, 만일 가능하지 않다면 어떤 의미를 갖는가 하는 문제는 뒤에 다시 따져보기로 한대도 우리는 다음과 같은 문제를 생각해봐야 한다. 인간 조건은 어떻게 포기될 수 있는가? 과연 불교적 열반, 노장이 말하는 지락은 어떻게 이루어질 수 있는가? 노장적 종교가 가르치는 목적은 어떠한 방법으로 이루어질 수 있는가? 만약 모든 종교가 어떻게 살아야 하나, 어떻게 행동해야 하나를 필연적으로 제시해야 하고 그런 데서만 종교의 참다운 의미가 있다면, 노장은 과연 우리들로 하여금 어떻게 살도록 하자는 것인 가? 우리들의 행위의 궁극적인 원칙은 어디서 찾아야 하는가?

'행위'와 '무위'

노장 사상에 있어서 '무위'라는 개념은 '도'라는 개념과 더불어 가장 핵심적인 것이다. '도'가 주로 궁극 존재를 가리킴에 반해서 '무위'는 인간이 따라가야 할 행동에 관한 가장 궁극적 원칙을 말한다. 근본적으로 어떻게 살아야 하는가의 문제에 대한 대답이 바로 '무위'이다.

종교는 사람이 살아가야 할 근본적인 목적과 방법을 제시한다. 무슨 종교를 갖느냐에 따라 그 방법은 달라진다. 기독교는 천당에의 길을 기도에서 찾고, 힌두교 혹은 불교에서는 열반에의 길을 '업'에서 찾는다. 노장에 있어서 '지락'이라는 개념은 기독교에서의 '천당'과 힌두교나 불교에 있어서의 '열반'에 해당되며, 노장에 있어서의 '무위'라는 개념은 기독교에 있어서의 '기도'나 힌두교 또는 불교에 있어서의 '업'에 해당한다. 무위·기도, 그리고 업은 각기 인간이 궁극적으로 목적으로 하는바, 종교적 이상에 도달하는 길이며, 종교적 목적을 실천하는 방법이다. 그것은 각기 궁극적으로 어떻게 살아가야 하는가 하는 문제에 대한 해답이다.

어떻게 살아야 하느냐 하는 문제는 비단 종교의 문제에 그치는 것이 아니라 윤리에서도 찾아볼 수 있다. 종교와 윤리는 다 같이 인간이 살아가야 할 길, 더 정확히 말해서 인간이 행동해야 할 길을 제시한다. 그러면서 종교가 제시하는 행동의 길과 윤리가 제시하는 행동의 길은 서로 구별되어야 한다.

윤리는 사람이 한 사회에서 그 사회의 구성 인원과 함께 살아가는 데서 필연적으로 생기게 되는 여러 가지 이해타산의 갈등을 조절하기 위해 각 인간이 취해야 할 행위를 가리킨다. 그리하여 한 사회 조건이 달라지면 윤리 규범이 달라지게 마련이다. 이와 같이하여 윤리적 상대성이 생기며 그러한 상대성은 조금이라도 서로 다른 사회에서의 윤리 규범을 살펴보고 비교해보면 쉽사리 납득된다. 예를 들어 여자의 결혼 전 성생활은 한 사회에서는 윤리적으로 크나큰 악이 되지만, 딴 사회에서는 아무런 죄가 되지 않는다. 이에 반하여 종교는 인간과 인간 사이에 생기는 문제를 해결키 위한 행위의 원칙 혹은 규범을 제시하지 않고,

사회나 시대를 초월해서 인간이 우주 전체 또는 존재 전체와의 관계에서 생기는 문제의 해결을 제시한다. 그것은 인간이 우주와의 관계에서 어떻게 하면 가장 적합한가를 가르친다. 바꿔 말해서 종교는 *인생 내에서의* 문제가 아니라 *인생의* 문제를 어떻게 보며, 인생에 대해서 어떻게 태도를 취하느냐 하는 문제를 가르친다. 이와 같이하여 종교는 초윤리적이다. 그것은 윤리적 문제, 윤리적 관점을 초월할 것을 요구한다. 이와 같은 종교의 성격은 반드시 윤리를 무시하거나 제거하는 것은 아니다. 다만 종교적 차원과 윤리적 차원이 다르다는 것을 말할 뿐이다. 사실상 기독교에 있어서의 십계명(十誡命)은 종교적인 행위를 가리키는 것이라기보다 윤리 규범에 해당되고, 힌두교에서의 각 씨족 계급이 지켜야 할 구체적인 규범은 분명히 윤리적인 차원에서 보아야 하며, 유교의 삼강오륜(三綱五倫)은 두말할 필요 없이 윤리적인 규범이다.

노장에 있어서의 '무위'도 오로지 종교적인 행위를 가리키는 개념이다. 그뿐만 아니라 노장에 있어서는 딴 종교에 있어서처럼 윤리적인 규범을 제시하지 않는다. 노장은 오히려 윤리 사상을 초월할 뿐만 아니라 그것을 제거하려 한다. 왜냐하면 윤리 규범은 종교적 행위 원칙에 배반된다고 믿기 때문이다. 노장에 있어서는 어떻게 보면 종교적 행위의 원칙 원리인 '무위'는 오로지 윤리 규범을 초월하여 제거하는 데서만 가능하다고 생각하기 때문이다. 노장의 입장에서 볼 때 윤리는 무위로써만 해탈될 수 있는 인간의 모든 우환의 원인이라고 해석하기 때문이다.

노장은 인간 우환의 궁극적인 해결을 위해서는 '무위'의 원칙에 따라 행동하라 한다. 문자 그대로 해석하면 '행동하지 않고' 행동하라는 말이 된다. 그렇다면 '무위'란 어떤 행동을 말하는가? 행동하지 않고 행동하라는 말은 무슨 말인가? 문자 그대로 볼 때 모순이 아닌가? 어떻게 해서 행동하지 않는 것이 행동이 될 수 있는가?

"선택하지 않는 것도 하나의 선택이다"라는 사르트르 Sartre의 말과 같이 행위하지 않는 것도 하나의 행위이다. 노장에 있어서의 '무위'는 일종의 '위(爲)'를 가리킨다. 그렇다면 그것은 어떤 종류의 '위', 즉 어떤 종류의 행위인가? 그것은 '인위' 아닌 '위'를 말한다. 무위는 인위와 비교해보았을 때 그 뜻이 분명해진다. 그렇다면 인위는 어떤 행동을 가리키는가?

첫째, 인위는 자연스러운 행위와 대립됨으로써 그 의미를 갖는다. 인간은 자연이라는 주어진 여건 속에서 살면서 자신의 욕망을 충족시키기 위해 스스로를 내세우고 스스로를 자연과 대립시킨다. 인간은 스스로를 하나의 주체로 파악하고 자연을 그와 대립시켜 하나의 대상으로 대하게 마련이다. 이러한 순간부터 인간은 자연이라는 모든 사물 현상을 자신의 욕망을 채우기 위한 도구로 대하게 된다. 이러한 관계를 하이데거는 '도구로서 zuhanden'의 관계라고 부르고 '사물로서 vorhanden'의 관계와 구별한다. 그에 의하면 전자는 인간과 자연의 가장 원초적인 관계인 데 비하여, 후자는 사물을 그냥 있는 그대로 보는 태도에서 나온 관계로 전자의 관계에서 발전해 나온 관계라 본다. 이러한 관계는 과학이 보여주는 관계에서 발견된다는 것이다. 과연 과학이 하이데거가 말하는 것처럼 사물을 '있는 그대로' 보는 관계인지는 극히 의심스럽다는 것을 인정한다면, 노장이 말하는 인위적인 관계란 다름아니라 하이데거가 말하는 자연과의 도구적 입장에서의 관계로 볼 수 있다.

둘째, 인위적 관계는 지적 관계로 바꿔볼 수 있다. 왜냐하면 사물 현상을 어떤 도구로서 보는 데는 지적 기능이 있음으로써 가능하기 때문이다. 마치 물이 강을 따라 흘러가듯, 혹은 강물 안에 사는 물고기가 눈앞의 벌레를 집어삼키듯이 하는 것이 자연스럽고 지적 이전의 행위라고 한다면, 눈앞의 한 사물을 보고 그것을 무엇무엇의 도구로서 본다는 것은, 지적 힘을 작용하여 우리의 목적과 그 사물의 지적 관계를 전제로 하고 있기 때문이다. 내가 한 사물

을 도구로서 보는 데는, 우선 나의 목적이 무엇인가를 의
식하고, 또 내 앞에 있는 그 사물을 잘 알지 않으면 불가능
하기 때문이다.

노장은 인위적인 것을 규탄한다. 그것은 다름아니라 인
간이 자연을 도구로 삼는 태도, 자연과 지적 관계를 세우
는 태도를 규탄한다는 의미가 된다. 그래서 노자는 '지부
지상 부지지병(知不知上 不知知病)'[19] 즉 알면서도 알지
못하는 태도를 갖는 것이 제일이고, 알지 못하면서도 아는
체한다는 것은 병(病)이다라고 하였으며, 장자는 "자연과
합하면 언어의 유희를 초월한다. 즉 지언(至言)은 말을 버
린다. 보통 지(知)로 연구하는 바는 천박한 것에 불과하
다"[20]라고 말한다. 왜냐하면 자연, 있는 그대로의 사물 현
상은 인간의 지성으로 따질 수도 알 수도 없으며, 언어로
써도 표현될 수 없는, 언어 이전의 존재이기 때문이다. 장
자의 다음과 같은 우화는 인간과 자연, 인간의 지성과 우
주 현상의 관계를 보여주는 예가 될 것이다.

그림자의 그림자가 그림자에게 묻기를 조금 전에 그대가
가다가 지금 그대는 멈추었으며, 조금 전에 그대는 앉았다

19『老子』, 제71장.
20『莊子』, p. 178.

가 지금 그대는 일어났으니, 어찌 그처럼 독자적인 지조가 없는가?

그림자가 말하였다. 나는 의지한 바가 있어서 그러한가? 내가 의지한 것은 또 의지하는 바가 있어서 그러한가? 내가 의지한 것은 뱀이 비늘에 의지하고 매미가 날개에 의지한 것과 같은가? 어떻게 그에 의하여 그렇게 된다는 것을 알며, 어떻게 그것에 의하여 그렇게 되지 않는다는 것을 알리오? 자기가 모른다는 것을 아는 것이 가장 좋고 모르면서도 스스로 안다고 여기면 병이다.[21]

뉴턴은 인간의 지식을 해변의 모래알처럼 작은 것으로 비교했지만, 장자는 역시 인간 지식의 협소함을 강조한다. 그리하여 장자는 뉴턴과 더불어 자연 앞에 경건할 것을 가르치려 한다.

이와 같은 노장의 인간과 자연의 관계에 대한 관점은 기독교의 그것과 정반대이다. 기독교에서는 모든 자연현상을 인간의 도구로 본다. 인간은 자연과 대립해서 자연을 정복하고 이용할 수가 있고 그러한 권리가 있으며, 그렇게 해야 마땅하다. 이와 같이 기독교는 자연의 인간화를 주장

---

21 『莊子』, p. 37.

하고 인위적인 것을 찬양한다. 기독교와는 전혀 다르지만 자연의 질서와는 다른 인간 질서를 강조한다는 면에서 유교의 사상도 자연관이나 인간관에 있어서는 기독교와 더불어 분명히 노장의 사상과 대립된다. 여기서 우리는 노장이 유교를 맹렬히 공격하는 이유를 납득한다. 노장의 입장에서 보면 유교가 가르치는 것은 무위에 반대되는 인위이다. 공자와 맹자가 주장하는 '인의(仁義)'란 해로운 인위적인 것, 군더더기 여섯 손가락과 같다. 그래서 장자는 다음과 같이 조롱한다.

달라붙은 발가락과 육손이는 성(性)에서 나온 것인가! 그러나 덕으로써 말하면 군더더기요, 몸에 달라붙은 혹과 매달린 혹은 몸에서 나왔으나 성(性)으로써 말하면 군더더기이다. 인의를 여러 가지로 응용하는 사람은 몸 안의 오장 (五臟)에 각기 배열하나 도덕의 본연은 아니다. 이 때문에 발에 달라붙은 것은 쓸데없는 살을 이어 붙인 것이요, 손가락에 가지처럼 생겨난 것은 쓸데없는 손가락이 생겨난 것이다. 여러 가지로 오장에 성정(性情)을 견강부회시키는 것은 지나치고 편벽되게 인의를 행하며 갖은 방법으로 총명을 쓰는 것이다.[22]

지력(知力)과 강한 행동력을 갖고 자연 환경을 정복함으로써 인간이 살아가는 데서 생기는 여러 가지 우환에서 벗어나간다고 믿는 것이 상식적인 생각이며, 사실 우리들은 언제나 그러한 전제 밑에서 활동한다. 이른바 원시적인 생활 상태에서 오늘날의 문화 생활로 들어오게 된 것은 우리들의 지력과 그에 따른 행위의 결과다. 문화란 별게 아니라, 인간이 자신의 지력으로 자연을 극복한 결과에 불과하다. 문화란 인간화된 자연이라고 정의될 수 있다. 기독교가 이러한 관점을 전제로 하고 있을 뿐 아니라 오늘날 과학도 그러한 전제를 바탕으로 하고 있다. 그리고 우리는 과학이 인간에게 주는 무한한 혜택을 믿고 있다. 그러나 노장의 입장은 우리들의 상식적 입장, 기독교적 입장, 그리고 과학적 입장과 정반대이다. 노장에 의하면 과학 문화가, 즉 자연의 인간화가 주는 혜택은 환상에 불과하다. 그러한 혜택은 마치 아편처럼 당장에는 행복을 가져올지 모르나 사실에 있어서는 우리들의 행복의 조건을 근본적으로 파괴한다. 그래서 속말에 아는 게 병이라 하듯이 노장은 지(知)를 병으로 생각한다. 도리어 반지성적(反知性的)인 것, 반문화적인 것에서 해결의 대책을 찾는다. 그래

---

22 앞의 책, p. 77.

서 노자는 '절학무우(絶學無憂)' [23] 즉 학문을 끊으면 근심이 없어진다라고 했다.

　인간적인 것이 바로 지적인 것이라면, 어찌하여 노장은 지적인 것이 우환을 없애는 데 이바지하기는커녕 그것을 더욱 조성한다고 하는가? 어떤 의미에서 비지적(非知的)이 됨으로써 우환을 벗어날 수 있는가? 도대체 지적인 것, 인위적인 것이란 무엇인가? 사람이 사물이나 동물과 다른 것은 다 같이 자연의 일부이면서도 사고력, 즉 지력을 갖고 있기 때문이다. 사람은 자연의 일부이면서도 그의 지적 지식을 통하여 자연을 대상으로서 지각하고 그것을 표상한다. 그리하여 스스로를 주체로 정립하고 표상된 자연을 객체로서 정립한다. 이와 같이하여 표상된 자연은 인간의 의식 속에 의미화된다. 그러므로 인간은 자연이면서 자연과 대립되는 존재이다. 인간은 자연 아닌 자연이다. 파스칼이 말했듯이 자연으로서의 인간은 자연의 일부가 되지만, 자연 아닌 자연, 즉 의식하고 표상화하는 자연으로서의 인간은 자연을 자기 속에 포괄한다. 이와 같이 인간이란 자연과의 모순되는 이중적 관계를 갖고 있다. 파스칼이 인간은 우주에 비하면 하잘것없는 먼지와 같이 작은 존재

23『老子』, 제20장.

이지만, 사고하는 동물로서 우주를 생각하는 한에 있어서 인간은 우주를 자기 속에 포괄한다고 한 것은 바로 인간과 자연의 역설적인 이중적 관계, 즉 인간의 근본적 존재 구조를 가리켜 말한 것이다. 의식, 더 나아가서 지력을 갖는 인간은 자연과는 별개의 차원, 즉 의미 차원에 인간적인 세계를 구축한다. 이러한 것을 통틀어 우리는 문화라고 부른다. 문화라는 말은 오로지 자연과 대립됨으로써 그 의미를 갖는다. 만약 문화란 세계, 지식의 세계가 의미를 갖고 있음을 부정하지 않는다면 우리는 자연과 문화가 양립 또는 대립해서 존재함을 인정해야 할 것이다. 문화 혹은 지적인 세계는 자연 세계를 부정하고 그것과 논리적으로나 실질적으로 분리됨으로써 가능한 것이다.

문화의 세계가 곧 인간의 세계라면, 문화는 곧 자연과 인간의 거리가 만들어낸 부산물이다. 뒤집어 말해서 문화의 세계, 즉 인간의 세계는 분리될 수 없는 하나의 자연을 파괴함으로써 가능하다. 거꾸로 말해서 문화가 발달되면 될수록, 인간인 스스로를 자연과 대립되는 존재로서 정립하면 할수록 인간과 자연의 거리는 커지고, 하나로서의 자연은 더욱 심각하게 파괴된다. 노장이 문화와 지식을 비판 공격하는 것은 다름아니라 하나로서의 존재의 파괴에 대한 비평과 공격이며, 자연과 인간의 더욱 커가는 거리에 대한 비평이며 공격이다. 이러한 파괴, 이러한 거리는 다름아니라 사람이 만들어낸 결과, 즉 인위의 소산이다. 바꿔 말해서 인위는 있는 그대로의 사물 현상을 사람의 지력에 의하여 억지로 비틀어놓는 행위를 말하며 그런 행위의 결과는 언제나 해롭지 도움이 되지 않는다. 장자는 예를 들어 설명한다.

말과 열 말들이 말을 만들어서 되질하면 말과 열 말들이 말을 아울러 같이 훔쳐가고 저울추와 저울대를 만들어서 달면 저울추와 저울대를 아울러 같이 훔쳐가고 신표와 옥새를 만들어서 증빙하고자 하면 신표와 옥새를 아울러 훔쳐가고 인의(仁義)를 만들어서 바로잡으려 하면 인의를 아울러 훔쳐가나니 〔……〕 그러므로 성인의 지식을 끊어버려야 대도(大盜)가 그치며 옥(玉)을 던져버리고 구슬을 부숴야 소도(小盜)가 일어나지 않을 것이다.[24]

인위적인 것에서 생기는 해로움에 대한 장자의 위와 같은 이유에 과연 납득이 갈 것인지는 의심스럽다. 장자는 특수한 경우를 들어 인위적인 것의 해로움을 생각하지만,

---

24 『莊子』, p. 84.

일반적인 경우를 생각할 때, 되와 말로 곡식을 되는 일은 우리들 생활을 퍽 편리하게 하지 않는가? 인의라는 도의를 세움으로써 우리들이 사회생활을 하는 데 생기는 여러 가지 알력을 피할 수 있는 것이 아닐까? 장자는 인위의 부정적 면만 보고 있지 않는가? 이와 같은 질문에 대해서 장자의 대답은 군색해질 것 같다. 그렇지 않은 경우 우리는 장자가 말한 인위의 해로움을 새로운 의미에서 해석해야 할 것이다. 장자는 '궁극적인' 입장에서 볼 때 해롭다고 대답할지 모른다. 설사 말과 되를 사용하여 곡식을 되면 편리하긴 하지만, 궁극적으로 보다 넓은 관점에서 볼 때, 그러한 편리함은 도구를 만드는 수고나, 도구를 도둑맞을까봐 근심하게 되는 것을 생각하면 별로 보람이 없다고 설명할 것이다. 그러나 인위의 해로움에 대한 위와 같은 설명은 아직도 시원치 않다. 우리는 노장의 반인위(反人爲) 사상, 즉 반문화 사상을 보다 근본적으로 자연과 인간의 관계에서 해석해야 한다.

문화는 앞서 언급한 대로 자연과 대립되었을 때에 비로소 그 의미를 갖는다. 따라서 문화는 자연과 분리되고 이탈되었을 때에만 가능하다. 이와 같이 볼 때 문화란 자연으로부터의 두 가지 의미로서의 소외(疎外)를 뜻한다. 서양 사상에서의 중요한 개념인 이 소외는 '이탈'이라는 서술적 뜻, 즉 개관적 뜻과 '해롭다는' 평가적 뜻, 즉 주관적 뜻을 갖고 있다. 내포적 뜻으로서의 소외는 우리가 피해야 할 인간 조건을 말한다. 사회로부터, 자기가 하는 일로부터의 소외는 우리들에게 불행을 초래하는 원인으로 나타난다. 그 이유는 인간이 무엇인가와 거리를 둘 때, 혼자 떨어져 있을 때 그는 필연적으로 행복할 수 없다는 것이다. 만약 문화가 자연 전체로부터의 거리, 즉 외연적 의미로서의 소외에 불과하다면, 문화란 내포적 의미로서의 소외, 즉 불행의 원인이라는 논리가 선다. 현대를 흔히 소외의 시대, 현대인을 소외인이라고 부르는 이유는 현대가 문화적으로 극도에 이르렀고 그만큼 자연과 떨어진 세계를 구성하고 있다는 말이 되며, 현대인이 그러한 인위적인 세계에 살고 있다는 말이 된다. 근래에 있어서의 소외에 대한 고발은 별게 아니라 현대 인간의 지나친 문화적 생활 조건에 대한 고발이 된다. 뒤집어볼 때 그러한 고발은 반문화주의·자연 예찬의 한 표현이다. 이러한 현대 사상은 근래한창 영향력을 갖고 있던 히피Hippy 사상 운동에서 가장 두드러지게 나타난 것으로 볼 수 있다. 노장의 반인위·반문화 사상은 위와 같은 의미에서 볼 때 현대의 반소외 사상인 히피 사상과 일치한다.

소외라는 개념으로 표현되는 자연과 인간의 거리, 즉 자연과 문화의 거리는 존재 차원과 의미 차원이란 개념으로 바꿔 생각할 수 있다. 인간은 있는 그대로의 차원에서만 존재하지 않고 있는 그대로의 것이 의미화된 차원에서 존재한다. 한마디로 인간은 그냥 사는 동물이 아니라 의식, 아니 자의식을 갖고 사는 동물이다. 인간이 인간다운 점은 그가 존재 차원에 머물러 있지 않고 의식 차원에도 속해 있는 한에서다. 존재 차원과 의미 차원은 논리적으로 볼 때 서로 합칠 수가 없다. 그것들 사이에는 어쩔 수 없는 거리가 있다. 이러한 관계는 다름아니라 떨어져 나가는 관계, 분리의 관계, 즉 소외의 관계이다. 서양 사상에서는 이러한 소외를 불행의 원인으로 보고 그것을 극복해야 한다고 믿지만, 노장에서 그러한 소외는 불행의 씨가 될 뿐 아니라, 거짓이며, 잘못이다. 그것은 진(眞)이 아니라 위(僞)이다. 의미 차원에서 본 자연, 즉 인간화된 자연, 말하자면 문화가 거짓이란 말은 단순히 말해서 문화의 세계는 자연의 세계에 비추어 논리적으로 틀릴 수밖에 없을 뿐만 아니라, 역시 논리적으로 보아 2차적인 것임을 뜻한다. 문화를 자연의 언어에 의한 표상이라고 해석한다면 자연과 틀릴 수밖에 없는 표상된 세계는 자연을 왜곡한 세계, 자연에 비추어 '위'의 세계라고 부르는 것은 당연하다. 이러한 사실은 뒤집어 말해서 문화화되지 않을 때, 인위적으로 자연을 언어에 의해서 표상화하지 않을 때, 자연은 왜곡되지 않는다는 이론이 선다. 이와 같은 관점에서 '무위무위(無爲無僞)' 즉 인위적인 행동을 하지 않을 때 위(僞)가 없다라는 말의 의미가 이해된다. '무위무위'라는 짧은 말귀는 노장의 언어철학과 진리에 대한 견해를 요약한 것으로 해석할 수 있다. 위의 말은 존재와 그것이 언어에 의해서 의미 표상화된 상태와의 관계를 밝히며, 진리는 언어에 의한 표상화되기 이전의 존재라는 것을 의미한다. 노장의 이러한 철학적 견해가 틀린 것이 아닌가의 문제는 따지지 않더라도 여기서 생각해봐야 할 문제는 어찌하여 노장에 있어서뿐만 아니라 많은 현대 서양 사상가들은 자연과 문화의 거리, 즉 자연으로부터의 인간 소외를 예외 없이 불행의 씨로 보았는가 하는 점이다.

인간이 그의 대상과 떨어진다는 사실 자체는 행복스러울 것도 없고 불행할 것도 없다. 만약 그와 같은 상황 속에서 인간이 불행을 느낀다면 그 사실의 원인은 순전히 인간의 심리에서 찾을 수밖에 없다. 현대 심리학은 인간의 그와 같은 심리 상태를 실증하고 있다고 믿어진다. 인간은 그가 성장함에 따라서 자신을 낳은 어머니로부터, 가족으로부터 떨어져 나아가 자기 스스로 독립된 삶을 찾아가게 마련이지만, 이러한 과정은 한편으로 우리들을 기쁘게 하는 요소가 되기도 하지만, 더 근본적으로 우리들을 불행케한다. 왜냐하면 떨어져 나가면서 우리들은 스스로 자기의힘에 의지해서 자연 환경과 사회 환경과 싸워나가야만 하기 때문이다. 말하자면 우리들은 노력하고 일하고 투쟁해야 하기 때문이다. 이런 점에서 볼 때 삶은 투쟁의 연속이라는 말에는 깊은 진리가 있다. 인간은 아무리 성장하고아무리 나이를 먹더라도 어머님의 품 속에, 아니 자기가탄생하기 전에 따뜻이 보호된 상태로 있던 어머니의 자궁속으로 돌아가고 싶은 심리 상태를 벗어날 수 없다. 그러한 심리는 자연스러운 것이다. 이와 같은 심리는 더 극단의 경우 죽음에의 끈기 있는 충동으로 나타난다. 한 생물체로서의 인간의 가장 근본적인 욕망은 삶의 연장이지만,그러한 욕망이 강하면 강할수록 그와 동시에 죽음에의 강한 충동을 면치 못한다. 그것은 삶이 끊임없는 투쟁을 의미하기 때문이다. 흔히 우리는 '죽고 싶다'라고 농담처럼하지만 사실 이 농담 속에는 감추지 못할 진심이 들어 있는 것이다. 이러한 인간의 심리는 프로이트에 의해서도 주장됐지만, 사르트르에 의해서 더욱 철학적으로 설명된다.사르트르에 의하면 인간은 항상 스스로를 인간 아닌 상태로 바꿔서 돌〔石〕이나 동물처럼 순수한 물건 혹은 생물로되고 싶어한다는 것이다. 왜냐하면 인간으로서, 즉 의식하는 동물로서 존재하는 데는 언제나 떠날 수 없는 고통을 동반하지 않을 수 없기 때문이라는 것이다.

노장의 반문화·반인위의 사상은 위와 같은 인간 조건을 통찰한 데서 기인한다. 그들은 문화가 인간 생활 내에서 생기는 우환을 해결해준다는 사실을 부인하는 것이 아니고, 인간적 삶 자체를 우환 혹은 고통의 원인으로 보고 있는 것이다. 따라서 그들의 반문화·반인위에 대한 비평은 인간적 삶의 근본적 해결을 제시하는 것이다. 반문화적 혹은 반인위적인 행동의 원칙을 그들은 무위라고 부른다. 그러므로 무위는 인간의 근본적인 우환에 대한 근본적 치료법이 된다.

무위는 문자 그대로 볼 때 행동하지 않는 것을 의미하지만, 사실은 행동을 가리키는 개념이다. 무위는 행동 정지(行動停止)의 원칙이 아니라 사실은 실천의 원칙이다. 그것은 행동하지 않는 행동을 의미한다. 그렇다면 이 역설적인 행동은 무엇을 가리키는가? 그것은 다름아니라 인간 우환의 근원으로 진단된, 인간과 자연, 문화와 자연의 거리를 제거하는 행위이다. 흔히 우리는 어머니의 자궁 속에 돌아가서 원시적 행복을 찾을 수 있다고 믿듯이, 또는 사르트르가 인간은 인간 아닌 물질로 돌아가서 충족될 수 있다고 주장하듯이, 노장은 자연이라는 모든 존재의 자궁 속에 돌아감으로써 인간의 우환은 근본적으로 해결될 수 있다는 것이다. 자연에의 귀의라는 사상이 동양적인 이상이라면, 노장의 반문화 사상은 바로 그러한 이상을 가장 대표적으로 표현해준다. 인위에 반대되는 무위는 별게 아니라 자연스러운 행위, 자연대로 살아가는 일을 가리킨다. '도법자연(道法自然)'[25]을 인정할 때, 무위란 곧 도(道)를 파악하는 행위이며, 도에 따라, 즉 있는 그대로 따라 살아가는 행위이다. 길이 꼬부라져 있으면 그것을 꼿꼿하게 만들지 않고 꼬부랑길을 따라가는 행위, 배가 고프면 있는 것대로 집어 먹는 일, 장가들고 싶으면 욕심이 나는 대로 여자를 구하는 행위에 비할 수 있을 것이다. 그렇기에 냇물을 막아 댐을 쌓고, 길을 펴서 고속도로를 만드는 일, 윤리라는 사회 내에서의 행동의 규범을 세워놓고 그것에 맞추기를 요구하는 유교의 사상은 모두 '무위'라는 행동의 원칙에 어긋난다.

여기서 우리는 노장에 있어서의 존재론과 종교 사상의 뗄 수 없는 관계를 발견한다. 실천의 원칙은 다름아니라 있는 것대로, 즉 '도'대로 살아가는 원칙에 불과하다. 인간의 행동은 존재와 떨어져서 별도로 세워진 규범을 따르는

---

25 『老子』, 제25장.

게 아니라 존재를 따라가야 한다. 이와 같이해서 존재와 인간의 세계와의 거리가 메워지며, 그럼으로써만 인간의 우환은 근본적으로 해결될 수 있다. 원래 존재를 가리키는 말이 '도'라고 쓰인 것은 우연이 아니다. 노장에 있어서 논리적으로는 역설적이지만 존재와 실천은 구별되지 않는다. '도'라는 존재가 곧 '길', 즉 궁극적 실천의 규범이 되는 것이다. 한마디로 '무위'란 도에 따라 행동함을 의미한다.

무위가 행위의 정지 또는 포기가 아니라 보다 높은 차원에서 본 행위라는 것은 '도상무위 이무불위(道常無爲 而無不爲)'[26] 즉, 참 '도'에 따른다는 것은 아무것도 하지 않으면서 하지 않는 일이 없다라든가, '지어무위 무위이 무불위(至於無爲 無爲而 無不爲)'[27] 즉 무위의 경지에 이르면 아무것도 하지 않고서 아무것도 하지 않는 것이 없다라는 노자의 말에서 명백해진다. 아무것도 하지 않으면서 아무것도 하지 않는 일이 없다, 즉 아무것도 하지 않으면서 모든 것을 이룬다라는 말은 무슨 의미인가? 어떻게 그와 같은 역설이 의미를 가질 수 있겠는가?

노장이 말하는 자연과 인간의 관계, 즉 존재적 개념으로서 도(道)와 문화의 관계를 다시 존재 차원과 의미 차원으

---

26 앞의 책, 제37장.
27 위 책, 제48장.

로 나누어 고찰해보자. 이 두 개의 개념은 존재라는 존재와 의미라는 존재가 따로 있음을 지시하는 것이 아니라 하나로서의 우주 만라 현상의 두 가지 차원을 지시할 뿐이다. 이러한 차원은 우주의 작은 부분인 인간에서 나타난다. 오직 인간에서만 의미 차원이란 개념이 그 뜻을 갖는다. 의미 차원이란 인간의 의식 속에 비친 모든 대상을 가리킨다. 여기서 대상이란 인간 외의 대상뿐만 아니라 인간 자신까지를 포함한다. 이러한 사실은 인간이 자기 스스로를 의식할 수 있는 것으로 증명된다. 이와 같이 볼 때 의미 차원이란 인간의 의식 구조에 의해 비친 모든 대상, 즉 모든 존재를 가리킨다. 의식된 존재는 그냥 존재가 아니라 무엇무엇이라는 개념에 의해서 인간의 의식에 조직된 의미의 세계를 지시한다. 이런 의미에서 의미 차원은 인위적인 것, 인간에 의해서 해석된 존재가 되며 문화란 별게 아니라 이와 같이 이루어진 세계에 지나지 않는다. 이와 같이하여 존재 차원으로서 인간과 의미 차원으로서 인간 사이, 즉 자연과 문화 사이에 틈이 생긴다. 이러한 거리, 즉 틈을 형이상학적인 소외라고 불러도 좋다. 인간이 인간으로서 살기 위해서, 즉 인간이 의식을 갖는 한에서 인간은 그러한 거리, 즉 소외된 상태를 떠날 수가 없는 것이다.

그뿐만 아니라 이러한 거리를 지킴으로써 인간은 동물

과는 다른 문화 생활을 영위할 수 있다. 그러면서 인간은 문화 생활의 대가가 큼을 의식한다. 따라서 그는 자연과 인간의 거리, 즉 존재 차원과 의미 차원의 거리를 가능한 축소시키려는 필연적인 욕망에서 벗어날 수 없다. 이러한 욕망은 시적 또는 예술적 욕망에서 나타난다. 인간은 자연과 자신 사이에 비지적(非知的)인, 감성적인 관계를 맺고자 한다. 시적 또는 예술적 관계에서 인간은 완전히 존재 차원으로 돌아가지는 않지만, 그러나 존재 차원과 의미 차원의 거리를 다소나마 메운다. 인간은 다소나마 보다 자연에 가까워지고, 보다 더 지적인 차원에서 해방되게 된다. 만약 시나 예술이 우리에게 어떤 기쁨이나 해방감을 준다는 것이 사실이라면, 그것은 시나 예술을 통해서 자연에 가까워졌기 때문이다.[28] 시적인 관계, 즉 보다 적은 지적인 관계를 자연과 맺음으로써 인간은 그를 소외의 울 안에 가두어놓은 인위적인 세계에서 다소나마 해방이 된다. 이와 같이 볼 때 인간이 자연과 시적인 관계를 맺는 작업을 하는 것은 지적인 관점에서 보면 덜 인위적이어서 무위에 가깝지만, 딴 각도에서 보면, 그와 같은 무위에 가까운 작업은 정말 인위적인 작업보다도 더 큰 결과를 낳는다는 논리

---

28 졸저, 『詩와 科學』, 一潮閣, 1975, 참조.

가 설 수 있다. 왜냐하면 그런 무위야말로 우리를 행위에 의해서 만들어진 인위적 감옥으로부터 다소나마 해방시켜 주기 때문이다. 노스롭[29]은 동양과 서양과의 사고방식을 각각 심미적 사고와 분석적 사고로 구별하였다. 사실 동양을 가장 대표적으로 나타내는 노장 사상은 분명히 심미적, 즉 시적이다. 이와 같은 사실은 '무위'를 궁극적인 실천의 원칙으로 삼고 자연과 인간 사이의 거리를 축소시키는 데에 인간의 궁극적인 해방을 믿고 있는 노장에게는 당연하다. 왜냐하면 자연과 인간의 시적 관계는 그것이 곧 무위적 관계는 아니지만, 그러한 관계에 가깝기 때문이다.

　무위는 자연과 인간의 시적인 관계를 한 걸음 더 나아가 시적인 매개 없이 직접 자연과의 절대적 조화를 구하는 행위이다. 그리하여 그것은 이미 종교적인 행위로 승화된다. 그러나 노장의 무위의 실천적 이상을 더 밀고 가면 우리는 완전한 침묵에 빠져야 할 것이며, 우리는 마치 물 위에 물의 흐름을 따라 떠가는 나뭇잎처럼 살아야 하는지 모른다. 그래서 무위는 궁극적으로 죽음에 가까운 무의식적 삶을 이상으로 하고 있는 것으로도 생각된다. 그러나 노장의 실천 이상이 그러한 것이 아니고, 그들이 말하는 무위는 행

29 F. C. Northrop, *The Meeting of East and West*, Macmillan, 1946.

동의 정지, 즉 삶에의 포기가 아니라 자연과의 조화를 의미한다는 것을 전제한다면 노장의 무위는 보다 긍정적인 의미를 가질 것이다. 노장은 인간의 궁극적인 가치를 이 삶으로부터의 딴 곳으로의 탈출에서 찾지도 않고, 우리가 살고 있는 자연의 정복에서도 찾지 않았다. 그들은 궁극적인 가치를 자연과의 완전한 조화에서 찾으려 했다. 그리고 그들의 궁극적 가치는 구원도 아니며, 해방이나 해탈도 아니며 소요 속에서 경험할 수 있는 낙(樂)이다. 여기서 우리는 노장에 있어서의 이념의 문제로 옮아가게 된다.

4 '소요'와
가치

이념으로서의 노장 사상

　이데올로기, 즉 이념이란 말은 그 의미가 확실치 않다.
'이데올로기'라는 말은 원래 18세기 말 프랑스에서 처음으
로 사용되었을 때, 문자 그대로 '이디아, 즉 사상의 과학'
이란 의미를 가졌었다. 그것이 마르크스에 와서 부정적인
뜻으로 쓰이고, 그에 의하여 이 개념은 사회과학 또는 정
치학을 하는 이들에 의해서 널리 쓰이고 보급되었다. 마르
크스에 의하면 지배 계급이 자신의 이권을 정당화하기 위
한 실증적 근거 없는 속임수의 세계관이 곧 그 사회의 이
념이라는 것이다. 따라서 마르크스에 의하면 이러한 이념
은 폭로되고 분석되어 배제해야 한다는 것이다. 예를 들어
기독교라는 종교가 어떤 종류의 세계관을 제시하는데 그
러한 세계관은 지배 계급의 사회적 또는 경제적 이권을 지

탱하고 피지배 계급의 소외된 삶의 조건을 정당화하는 데 쓰인다는 것이다.

그러나 오늘날에 와서 이념이란 개념은 마르크스에 있어서와 같은 부정적인 뜻을 가진 것으로 쓰이는 것 같지는 않다. 이념이란 개념은 일반적으로 말해서 한 개인이나 계급이나 혹은 사회의 밑바닥에 깔려 있는 정치관이나 사회관을 의미한다. 다시 말해서 한 개인이나 계급이나 사회가 각기 그들의 삶을 조직해야 할 때 필요한 정치 혹은 사회의 큰 테두리, 즉 프레임워크를 가리킨다. 이런 점에서 자유주의 또는 전체주의, 자본주의 또는 공산주의는 각기 이념이라고 불리는 것이다. 그러나 더 광범위한 뜻으로는 이념이란 개념은 정치학적 혹은 사회학적 테두리를 넘어서 어떤 특정한 정치 혹은 사회의 전제가 되는 형이상학적인 테두리, 즉 프레임워크를 가리킨다. 이와 같이 볼 때 여러 가지 종교, 유물론 또는 유심론 같은 형이상학은 가장 넓은 의미에 있어서의 이념이 된다. 이념이란 별게 아니라, 한 개인이나 사회가 각기 그들의 삶의 방향을 정하고 조직하는 데 불가피한, 그리고 실제로 무의식적이나마 언제나 전제가 되어 있는 세계관 또는 가치관을 의미한다. 공산주의를 믿느냐 자본주의를 믿느냐에 따라 우리들은 이미 어떤 세계관 혹은 가치관에 참여하고 있는 것이며, 종교를 믿느냐 안 믿느냐에 따라 우리들은 이미 어느 세계관 또는 가치관을 받아들이고 있는 것이며, 기독교를 믿느냐 불교를 믿느냐에 따라 우리들의 생각과 행위는 이미 어느 특수한 세계관 그리고 가치관을 전제로 하여 이루어지고 있는 것이다.

이념 자체는 그것의 옳고그름을 논리적으로 검토할 수 없다. 왜냐하면 이념은 옳고그름을 따질 수 있는 전제에 불과하기 때문이다. 한 개인이나 사회의 옳고그름은 그 자체로써는 판단될 수 없고 오로지 어떤 이념의 테두리 안에서만 가능하다. 이념이 다를 때 똑같은 행동이나 사실도 그것의 옳고그름은 다르게 마련이다. 이와 같이 볼 때 이념을 달리하는 두 사람 혹은 두 사회 사이에서는 상대편의 이념의 옳고그름을 합리적으로 따질 수 없는 것이다. 그래서 서로 다른 이념 사이에는 오로지 선전과 힘에 의한 싸움뿐이 가능하다.

그러나 이념이란 개념은 형이상학이란 개념 또는 종교라는 개념과 일치하지는 않는다. 형이상학은 모든 존재의 근원적 구조에 대한 이론이며, 종교의 크나큰 부분도 역시 존재의 근원적 구조에 대한 주장으로서 그것들은 각기 앎의 대상으로 머물 수 있다. 이에 반해서 이념은 존재에 대한 주장인 동시에 가치에 대한 참여다. 앎과 가치는 깊은 관계가 있지만, 그것들 사이에는 서로 논리적이나 인과적 관계가 있지 않다. A와 B라는 두 사람은 X라는 색이 노란색임을 알고 있지만 A가 노란색을 극히 좋아하는 데 반해서 B는 노란색을 극히 싫어할 경우가 얼마든지 있다. 형이상학이나 종교적 믿음이 존재에 대한 가장 밑바닥에 깔려있는 인식의 기본적인 테두리라면, 이념은 한 개인이나 사회가 갖고 있는 가장 밑바닥에 깔려 있는 가치관을 의미한다. 이와 같이해서 가치와 이념은 뗄 수 없는 관계를 갖고 있다.

가치는 책이나 별이 존재하듯이 존재하지 않는다. 가치는 인간의 욕망과의 관계 속에서만 그 의미를 갖는다. X가 가치라고 하는 것, X는 가치가 있다는 말은 다름아니라 어떤 사람이 그 X를 원하고 있다는 말에 불과하다. 똑같은 사물을 갖고 똑같은 여건 속에 놓여 있어서 A와 B라는 두 사람은 그들이 무엇을 욕망하느냐에 따라, 똑같은 사물과 여건은 서로 달리 처리되고 해석될 것이다. A라는 사람이 지적 즐거움을 물질적 즐거움보다 중요시한다면 그에게는 학교에 가서 공부하는 것이 장사를 해서 돈을 버는 것보다 옳은 일이 될 것이며, B라는 사람이 물질적 즐거움을 지적 즐거움보다 중요시한다면, 그에게 있어서는 학교에 다니는 것보다 장사를 해서 돈을 버는 것이 더 옳은 행위가 될 것이다. 한 사람의 가치는 그의 행동을 결정한다. 뒤집어 본다면, 한 사람이 어떤 행동을 좋아하느냐는 것은 그 사람이 어떤 가치를 갖고 있는가를 반영해 보인다. 이와 같이 한 사람의 행동과 그 사람의 가치관, 즉 그 사람이 원하는 것과는 서로 뗄 수 없는 밀접한 유기적 관계를 갖고 있다. 한 사람의 실천에 대한 주장을 통해서 그 사람의 가치관을 알고, 거꾸로 한 사람의 가치관을 통해서 그 사람의 실천에 대한 주장을 밝혀낼 수 있다. 더 구체적으로 말해서 한 사람의 궁극적 실천의 원칙으로서의 종교적 해결책을 안다면 그 사람의 가장 밑에 깔려 있는 가치로서의 이념이 무엇인가를 알아낼 수 있고, 그와 반대로 한 사람의 이념이 무엇인가를 안다면 그 사람이 주장하는 근본적인 실천적 원칙이 보다 더 잘 이해될 수 있을 것이다.

실천과 이념의 뗄 수 없는 관계는 노장의 무위라는 개념에서 두드러지게 나타난다. 앞서 본 대로 무위는 노장이 우리에게 권고하는 행동의 궁극적 원칙이다. 노장은 그러한 무위를 권고하면서, 무위가 가져오는 이로움을 여러 가지 예를 들어 강조한다. 다시 말해서 그들은 무위의 행동이 옳은 이유를, 그것이 우리들에게 줄 이로움, 즉 우리들의 욕망을 만족스럽게 하는 데서 찾고자 하는 것이다. 그들은 무위가 진리이기 때문에 그것을 따라야 한다거나, 그것이 하나님이 말씀하신 가르침이기 때문에 그것을 따라야 한다고 주장하지 않는다. 그들이 제시하는 유일한 이유는 그것이 인간에게 이로울 수 있다는 데에 있을 뿐이다.

그러나 이롭다 이롭지 않다, 즉 가치가 있다 없다는 것은 한 사람이 갖고 있는 목적 또는 욕망과 상대적인 관계를 갖고 있다. 그렇다면 노장이 생각하는 근본적인 가치, 즉 이념은 무엇이기에 무위가 그러한 가치를 충족시켜준다는 것일까? 무위의 개념은 노장의 이념을 앎으로써만 충분히 이해될 수 있다. 우리의 문제는 인간의 궁극적 목적에 대한 노장의 생각을 밝혀보는 데 있다. 그것은 다름 아니라 '인생의 의미'에 대한 노장의 생각을 알아보는 일이다.

지락과 타락

잘사는 사람이나 못사는 사람이나, 행복한 사람이나 불행한 사람이나를 막론하고 인간은 흔히 '인생의 의미는 무엇인가?' 하고 묻게 된다. 세계적인 문호로서 명성을 떨치고 있던 톨스토이가 그의 말년에 가장 중요한 문제로 생각하고 그것에 대한 해답을 찾으려 했던 것도 바로 이 문제였다. '인생의 의미는 무엇인가?'라는 문제는 대체로 '인생에 목적이 있는가?'라는 문제로 바꿔 생각할 수 있다. 여기서의 의미는 목적이란 뜻을 갖는다. 학교에 가서 땀을 흘리며 공부하는 의미는 학위를 따는 데서 찾을 수 있고, 장가를 드는 의미는 아들을 낳는 데 있다고 생각할 수 있다. 여기서 학위를 따는 것, 아들을 낳는 것은 각기 학교에 가는 일, 장가드는 일의 목적에 불과하다.

어떤 행위에 이와 같이 목적을 발견했을 때 우리는 그 행위가 의미를 가졌다고 말하고, 그와 같은 경우 우리들은 만족을 얻으며, 그렇지 않은 경우 허무하다고 한다. 이와 같이 행위와 목적의 관계를 보다 높은 관점에서 보아, 인생 자체를 하나의 행위로 보고 그것의 목적이 무엇인가를 물어볼 수 있다. 물론 여기서 '인생'이라 함은 지상, 즉 속세에서의 삶을 말한다. 그렇다면 인생의 목적은 우리가 살고 있는 현재의 삶의 밖에서 찾을 수밖에 없다. 많은 종교가 인생의 의미에 대한 수수께끼를 풀어준다고 믿는 그 이유는 각기 그 종교들이 이 세상에서의 삶이 아닌 딴 세상에서의 삶을 전제로 하고, 그런 삶이 이 세상에서의 삶의 목적이라고 보고 있기 때문이다. 그래서 그러한 종교는 인생, 즉 이 세상에서의 삶에 의미를 부여해준다는 것이다.

그리하여 우리는 이 세상에서 인생이 의미, 즉 보람 있다고 한다. 만약 인생 자체의 목적이 없으면, 이곳에서 살아가는 데 겪는 여러 가지 고충은 물론 기쁨까지도 크게 봐서 결국 고통에 불과한 것, 쓸데없는 것에 불과한 것이라는 것이다. 여기서 인생의 '의미'란 인생의 '즐거움'이란 뜻이다. 이러한 인생의 즐거움이란 오로지 '수단'으로서의 즐거움에 불과하다는 것이다.

과연 인생의 의미, 즉 즐거움은 오로지 어떤 목적을 달성하기 위한 수단으로써만 이루어질 수 있는가? 과연 인생은 이 세상 밖의 딴 것, 어떤 목적을 가져야만 만족될 수 있는 것인가? 예술을 놓고 어떤 사람들은 그것이 어떤 목적의 수단으로서만 의미를 갖는다는 주장이 있지만, 그 반면에 예술은 그것 자체로서 충분한 의미를 갖는다는 이른바 '예술을 위한 예술'을 주장하는 사람들이 있다. 이와 마찬가지로 인생은 그냥 그 자체로서 정당화될 수 있고, 의미를 가질 수는 없는 것인가?

이런 질문에 대해서 부정적인 대답을 내리느냐 긍정적인 대답을 내리느냐에 따라서 인생에 대한 태도는 각기 이른바 염세주의나 낙천주의로 나타난다. 대체로 말해서 기독교·힌두교·불교가 전자의 범주에 속하고 노장 사상은 후자에 속한다. 힌두교나 불교는 삶이 근본적으로 고통이라고 전제하며, 기독교 그리고 플라톤의 철학은 이 세상을

'타락(墮落)'된 것으로 본다. 인간이 아무리 노력을 해도 삶이 근본적으로 즐겁지 못한 것, 즐길 수 없다는 사실은 고칠 수 없다. 따라서 우리가 궁극적으로 바랄 수 있는 것은 이 세상으로부터 떠나는 것, 이 삶을 부정하고 딴 세상으로 가는 일이다. 딴 세상이 인생의 목적이 된다. 그 목적은 힌두교에 있어서 브라만이 되고 초기 불교에 있어서는 열반이 되며, 기독교에서 천당이 되고, 플라톤에 있어서는 가사 세계(可思世界)라고 불린다.

이와 같은 인생관과는 달리 노장에 있어서 인생은 이 세상에서 딴 세상으로 가지 못할 뿐만 아니라 이 세상 아닌 딴 세상이 없다. 그리고 이 세상에서의 삶을 많은 사람이 고통으로 느끼고 그곳에서 많은 우환을 경험하지만, 그러한 것들은 삶의 외부적 조건에 기인하는 것이 아니라 각 사람들의 내부적 태도에 기인한다. 따라서 이곳에서의 삶, 오직 하나만의 삶은 즐길 수 있을 뿐만 아니라, 또 마땅히 즐겨야 한다. 이 세상에서의 삶은 그 삶을 살아가는 것 이외에, 가능한 한 즐겁게 살아가는 것 이외에는 아무런 목적이 없다. 목적이 없다 하여 슬퍼할 것도 없고 허무할 것도 없으며 삶이 의미가 없다고 말할 아무런 근거가 있지 않다.

노장의 인생관은 행복의 철학으로 요약된다. 그들은 우

리에게 절대적 행복에의 길을 가르쳐주려 하는 것이다. 이런 의미에서 "모든 사람은 행복을 바란다"라고 말한 아리스토텔레스는 노장의 생각과 비슷하다. 인생에 대한 태도는 크게 향락주의와 금욕주의로 나눌 수 있다. 전자는 인생의 목적은 딴 데 있지 않고 가능한 한 즐거움을 얻는 데 있다는 주장이며, 후자는 참다운 인생은 차라리 욕망을 억제하는 데 있다는 주장이다. 전자의 경우 궁극적인 의미에서 모든 선악은 향락이라는 척도에 의해서 판단되며, 선이란 별게 아니라 향락 자체에 불과하다. 이와 반대로 후자의 입장에서 볼 때 향락은 악이다. 대부분의 종교적 관점에서뿐만 아니라 윤리적인 관점에서 볼 때, 향락은 대체로 좋지 않은 것, 기피해야 할 것으로 취급된다. 흔히 우리들은 향락을 부끄러운 것으로 생각한다. 그러나 니체가 폭로하고 공격했듯이 위와 같은 금욕주의 자체도 사실에 있어서는 모든 사람이 근본적으로 향락을, 행복을 찾는 데서 기인한 것으로 봐야 한다. 아리스토텔레스의 말대로 모든 인간, 아니 모든 생물은 즐거움을 찾으며, 즐거움 자체가 목적이다. 이러한 관점은 프로이트에 의해서도 지적된 바이다. 많은 종교에서 향락을 부정하고 있는 까닭은 향락 자체가 나쁘게 보였기 때문이라기보다는 이 인생에서 찾을 수 있는 것에 만족될 수 없다는 데서 기인되고, 이 세상 아닌 딴 세상에서 참다운 향락이 있을 수 있다고 믿기 때문이며, 그리고 이 세상에서의 만족될 수 없는 향락에 집착하지 않을 때에 비로소 진정한 딴 세상에서의 향락이 얻어질 수 있다고 전제하기 때문이다.

대부분의 윤리가 향락을 부정하고 흔히 금욕주의를 높이 평가하는 이유는, 그때그때의 향락을 억제하는 데서 개인적으로나 사회적으로 보다 안정된 생활을 영위할 수 있고 그럼으로써 향락을 얻을 수 있기 때문이다. 결국 향락의 부정도 향락을 추구하는 데서, 즉 향락을 가장 귀중한 가치로 인정하는 데서 기인한다. 말하자면 한 가지 향락의 거부도 또 다른 한 가지 향락의 수단으로서만 의미를 갖는다. 그럼에도 불구하고 우리들은 어느덧 목적과 수단을 혼동하여 수단 자체를 목적으로 생각하고 그것을 높이 평가하게 되었다. 니체가 기독교적 가치를 공격한 이유는 기독교가 목적과 수단을 혼동해서 수단을 목적으로 여기고 있다는 점이다. 이와 같이하여 우리들은 잘못된 생각, 잘못된 가치관의 노예가 되어 우리들에게 주어진 향락, 행복을 잃는다. 만약 우리가 눈을 뜨고 사실을 사실대로, 환상을 환상대로 볼 때 우리들은 거부되고 잃어버린 행복을 다시 찾을 수 있을 것이다.

노장에 있어서 이 세상에서의 삶은 타락된 상태가 아니

라 오히려 지락(至樂)의 조건이다. 노장은 찬양하고 행복을 구가한다. 이런 점에서 볼 때 노장의 인생관은 니체의 인생관과 같다. 니체는 삶을 부정하는 기독교적 인생 대신에 노래와 춤과 흥에 넘치는 주신(酒神) 디오니소스 Dionysos의 삶을 구가한다. 노장과 니체는 향락의 철학자, 행복의 철학자이다. 니체의 경우는 모르되 노장이 향락을, 행복을 주장했다는 해석에는 대뜸 의심이 생기기 쉽다. 왜냐하면 노장은 우리들이 생각하고 있는 낙을 오히려 철저히 부정하고 있기 때문이다. 그들이 이른바 세상에의 적극적 참여를 비웃고 세상으로부터의 은퇴를 권고하고 있기 때문이다.

천하에 지극히 즐거운 것이 있는가? 없는가? 그로써 몸을 활기차게 살려낼 수 있는 방법이 있는가? 없는가? 무엇을 해야 하고, 무엇을 그만두어야 할 것인가? 무엇을 피하고 무엇에 마음을 두어야 하는가? 어디에로 나아가고 어떤 곳을 떠나야 할까? 무엇을 즐기고 무엇을 싫어해야 할까? 세상 사람들이 높이는 것은 부귀와 장수와 좋은 명성이고, 즐거워하는 것은 몸이 편안한 것과 감칠맛이 있는 진한 맛과 화려한 복식과 아름다운 색채와 듣기 좋은 소리요, 낮추는 것은 가난과 지위가 낮은 것과 요절(夭折)과 악명(惡

名)이요, 괴로워하는 것은 몸이 불편하고 한가롭지 못한 것과 입이 감칠맛 나는 것을 얻지 못한 것과 몸이 화려한 복식을 얻지 못한 것과, 눈이 아름다운 색채를 얻지 못하며 귀가 듣기 좋은 소리를 듣지 못한 것이다.

만약 이러한 것들을 얻지 못하면 크게 근심하고 두려워하나니 그처럼 몸을 위한 것은 어리석도다. 저들 부자는 몸을 수고롭게 하고 급히 일을 하여 재물을 많이 쌓아두고서도 다 쓰지 못하나니 그처럼 몸을 위한 것은 바깥에서 헤매는 셈이다. 저들 지위가 높은 사람은 밤을 낮으로 이어서 군주에게 선행을 권하고 잘못을 고치고자 생각하나니 그처럼 몸을 위하는 것은 실속이 없도다. 사람의 삶은 근심과 함께하거늘 오래 사는 사람은 흐리멍덩하여 오래도록 근심하면서도 죽지 않으니 얼마나 고통스러울까.[1]

요컨대 여기서 장자는 우리가 일상 추구하는 행복의 조건, 향락의 조건이라고 여기는 부귀·권력을 부정한다. 그래서 초(楚)나라의 왕이 고관을 보내어 장자에게 정치를 맡기려 했을 때 장자는 그러한 영광의 직책을 헌신짝처럼 버렸다.[2] 그리고 노장은 우리에게 소박하고 단순한 생활을

---

1 『莊子』, pp. 138~139.
2 위 책, p. 136.

권고한다. 하지만 좀더 한 발자국 더 나아가 생각해보면 노장이 부정하는 것은 삶의 낙 그 자체가 아니며, 소박성 혹은 가난함 자체를 찬양하는 것은 결코 아니다. 우리가 생각하고 있는 낙이란 것은 보다 대국적인 입장에서 볼 때 참다운 낙이 아니라 불행의 원인이라고 보기 때문이다. 이와 같은 사실은 장자가 관직을 거부하는 이유를 들어보면 분명하다.

내가 들으니 초(楚)나라에 신령스러운 거북이가 있었는데 이미 죽은 지 3천여 년이나 되었거늘 왕이 그것을 대나무 상자에 담고 다시 수건으로 감싸서 사당 안에 잘 간직하라 하였다네. 이 거북이는 차라리 죽어서 뼈를 남기어 귀하게 되고 싶겠습니까? 차라리 살아서 진흙 속에서 꼬리를 끌며(구애받지 않고 자유롭게) 살고 싶어하겠습니까?

결국 노장에 있어서 낙은 근본적인 삶의 목적이다. 그들이 우리가 흔히 생각하고 있는 낙을 거부하고 부정하는 것은, 그들의 눈에는 진정한 의미의 낙이 될 수 없으며, 오히려 우리들이 생각하고 있는 낙을 극복하고 부정하는 데서만 참다운 낙을 찾을 수 있다고 믿기 때문이다. 그래서 장자는 또한 말한다.

과연 즐거움이 있고 없는 것은 무위로써 즐거운 지경에 갈 것으로 생각한다. 세속에서는 도리어 이를 크게 괴롭게 알고 지극히 즐거운 줄 모른다. 옛날에, 지락(至樂)은 낙이 없는 것으로써 낙을 삼고, 지예(至譽)는 명예 없음으로써 명예로 여긴다 하였다. 세속의 낙은 참된 즐거움이 아니고 명예는 참된 명예가 아니다.[3]

인간의 목적이 참다운 지락을 이루는 것이라고 말하는 것과 그러한 지락이 가능하다는 말과는 그 뜻이 다르며, 지락이 가능하다는 말과 인간의 삶이 실제로 지락이다라고 말하는 것과는 다르다. 그렇다면 인생의 목적이 낙을 찾는 것 이외에 더 크나큰 목적이 없다고 보는 노장은 우리가 살고 있는 구체적인 인생을 어떻게 보는가?

비극과 희극

'인생이란 무엇인가?' 하는 심각하고도 엉뚱한 질문을

---

3 앞의 책, p. 139.

많은 사람들은 가끔 던진다. 철학자들, 종교가들, 예술가, 그리고 유행 가수들은 저 나름대로 이러한 질문에 대답을 제공한다. 셰익스피어는 대답하기를, "인생은 백치가 중얼거린 두서없는 이야기"라 했고, 모파상은 자기 나름대로 말하기를 "인생은 희극도 아니고 비극도 아닌 희비극"이라고 정의를 내렸었다. 언뜻 보아서 셰익스피어의 대답이나 모파상의 대답이 똑같은 질문에 대한 대답같이 보이나 사실 그들은 '인생이란 무엇인가?'라는 질문을 각각 두 가지 다른 종류의 질문으로 해석하고 있는 것이다. 이러한 사실은 '인생이란 무엇인가?'라는 질문이 애매하다는 것을 의미한다. '인생이란 무엇인가?' 하는 질문은 첫째로 '인생을 어떻게 서술할 수 있는가?' 하는 질문으로 해석될 수 있고, 둘째로, '인생은 어떻게 평가될 수 있느냐?' 하는 물음으로 해석될 수 있는 것이다. 셰익스피어의 대답은 첫째 질문에 대한 대답이고 모파상의 대답은 둘째 번 질문에 대한 대답이다. 첫째의 질문은 '하늘은 구름으로 덮여 있는가?'라는 질문과 같아서 그것에 대한 대답의 옳고그름은 객관적으로 결정될 수 있다. 이에 반해서 둘째 번의 질문은 '구름으로 덮여 있는 하늘은 좋은가?'라는 질문과 같아서 그에 대한 대답은 객관적인 판단이 불가능한 주관적인 반응에 그친다. 철학에서는 전자와 같은 대답을 가리켜 인식적 내용을 가진 판단이라고 말하고, 후자와 같은 대답을 가리켜 평가적인 의미를 가진 판단이라고 구별한다.

인식적인 판단은 판단의 대상에 대한 성격을 밝혀주지만, 평가적 판단은 객관적 대상에 대한 지식을 제공해주기보다는 그러한 대상에 대해 판단을 내리는 판단하는 사람의 성격 혹은 가치관을 표현해주는 데 불과하다. 전자의 경우 우리들은 객관적 대상에 대한 지식을 증가시키지만 후자의 경우 우리들은 판단을 내리는 사람에 대한 지식을 얻는다. 포도주가 꼭 절반 들어 있는 술병을 놓고 어떤 사람은 반이 비었다고 판단하고 어떤 사람은 똑같은 것을 놓고 반이 차 있다라고 판단한다. 이러한 얘기를 흔히 평가적 판단의 주관성을 나타내는 예로서 든다.

사실과 사건으로서의 인생은 물론 여러 가지로 서술될 수 있지만, 그러한 서술은 쉽사리 객관적으로 맞고 맞지 않음을 결정할 수 있다. 삶은 한번 태어나면 죽어야 하고, 삶을 유지하려면 밥을 먹어야 하고, 흔히 병이 들어 아프기도 하고, 울기도 하고 웃기도 하며, 싸우기도 하며 서로 돕기도 한다는 사실은 누구나 다 같이 시인할 수 있는 사실이다. 그렇기 때문에 위와 같은 객관적 사실에 대한 서술로서의 '인생은 무엇이냐?' 하는 질문은 별로 시비의 문제가 되지 않고 별 흥미도 없다. 우리의 문제는 모두가 다 같이 인정하는 객관적 사실로서의 인생을 놓고 그것을 어떻게 평가할 수 있는 것인가에 있을 뿐이다. 이러한 각도에서 해석된 '인생은 무엇인가?'란 질문에 대해 노장의 대답은 무엇인가? 노장은 한마디로 인생을 긍정적으로 보았는가 혹은 부정적으로 보았는가?

인생에 대한 관점을 대체로 비극적인 것과 희극적인 것으로 나누어 생각할 수 있다. 비극적 인생관이란 삶을 통틀어 놓고 볼 때 괴로운 것, 슬픈 것으로 보는 태도를 가리키며, 희극적 인생관은 삶을 즐길 수 있는 것, 재미있는 놀이로 보는 태도를 말한다. 한마디로 비극적 관점에서 볼 때 인생은 눈물이며 희극적 관점에서 볼 때 인생은 웃음이다.

대부분의 일반 사람들은 물론 많은 철학자·사상가들은 대체로 인생을 비극적으로 보고 있다. 우리는 흔히 인생의 허무함을 한탄하고 삶의 괴로움을 불평한다. 힌두교나 초기 불교에서는 각기 현세samsara와 브라만의 세계로, 속세와 열반의 세계로 갈라놓고 우리가 현재 살고 있는 현세와 속세를 눈물과 고통으로 보았고, 기독교에서는 이 세상에서 삶을 '전락(轉落)'으로 보고 그것을 천당에 비추어 병든 것, 죄스러운 것으로 보고 있다.

희랍의 모든 비극 작품들은 인생에 대한 희랍인의 비극적 관점을 역력히 반영하는 가장 구체적인 기록의 하나이다. 이러한 희랍의 인생관은 "태어나지 않았더라면, 존재하지 않았더라면, 무(無)였더라면 가장 좋았을 것이고, 그 다음으로 좋은 것은 빨리 죽는 것이다"라고 한, 주신 디오니소스의 의붓아비 실레누스Silenus의 말이 웅변으로 증명해준다. 이와 같은 비극적 인생관은 얼마 동안 구라파를 휩쓸었던 이른바 실존주의 속에서도 뚜렷이 나타난다. 파스칼은 우주에 비해서 무(無)에 가까운 인간상을 강조하였고, 도스토예프스키는 신 없는 인간들의 허무함을 그렸으며, 키에르케고르는 인간의 능력으로는 이해할 수 없는 신의 의도에 무력한 채 떠는 아브라함의 모습을 드러냈으며, 사르트르는 인간의 삶을 '무의미한 수난'이라고 정의했다.

언뜻 볼 때, 대부분의 사람들이 인생을 비극이라는 색안경을 쓰고 부정적으로 보고 있는 것은 당연한 것 같다. 원시적 생활 환경 속에서 인간의 생활은 즐거움이라기보다 괴로움이 많고, 가난한 사람에게 삶은 즐거움보다 괴로움에 더 가득 차 있다. 원시적 생활 환경 속에서 또는 가난한 처지에서 인간은 최저의 생존을 위해서 피땀을 흘려야 하고, 그러한데도 항상 굶주리고 추위에 떨며 병으로 고통을 받게 마련이다. 비단 문화적 환경에 살거나, 큰 부자가 된대도 인간은 결코 만족하지 않고 따라서 언제나 고통을 느끼게 마련이다. 인간의 고통은 비록 그가 한 제국의 황제가 된대도 떼어버릴 수 없다. 왜냐하면 의식을 갖고 살아 있는 인간은 어떠한 경우라도 무엇인가를 결정해야 하며 대인 관계에 있어서나 자연 환경과의 관계에 있어서는 끊임없이 신경을 쓰지 않으면 안 되기 때문이다. 애인을 만나는 것이 기쁨이지만 그러려면 조바심하고 애인을 기다려야 하며 혹시 애인이 변심하지나 않을까 걱정해야 하고, 맛있는 음식을 먹는 것은 즐거운 일이지만 귀찮게 시간을 내어 요리를 해야 하고, 돈을 버는 것이 즐거운 일이지만 매일 아침 자고 싶은 잠을 억지로 깨야 하고, 황제의 권력을 쓰는 것은 재미나지만, 혹시 그 권력을 누군가가 빼앗지 않을까 늘 경계해야 한다. 설사 이런 모든 걱정이 없다 가정하더라도, 인간은 어차피 늙어가야 하고, 병이 들어 마침내는 죽음이란 가장 크나큰 공포와 고통을 견디어야 한다. 이와 같은 사실을 인정할 때 인생을 '눈물의 바다' 혹은 '가시밭'이라고 흔히 말하는 것은 아주 당연하다. 우나무노Unamuno의 유명한 '인생의 비극적 의미'는 바로 위와 같은 사실에 근거를 두고 그러한 사실을 가리키는 말이 될 것이다.

인생은 결국 비극으로밖에 볼 수 없다는 것이 자명하고 또 위에서 본 바와 같이 대부분의 사람들이 그렇다고 믿고 있음에도 불구하고 노장은 엉뚱하게 인생을 하나의 희극으로 본다. 그들에게 있어서 인생은 슬퍼할 것, 슬픈 것이 아니라, 즐거워할 것, 재미나는 것이다. 인생은 울음의 바다가 아니라 웃음의 바람과 같다. 그렇다면 어떻게 비극이 희극이 될 수 있으며, 어떻게 비극을 희극이라고 부르는가? 위에서 본 바와 같이, 인생은 어떻게 보거나 아무리 보거나를 막론하고 고통스러운 것이라는 것을 인정한다면, 그러한 인생을 비극이 아니라 희극이라고 부른다는 것은, 마치 검은 빛깔을 가리켜 흰 빛깔이라 부르는 것과 마찬가지 격인 것만 같다. 만약 이러한 비유가 성립된다면 노장의 인생관은 틀린 것이거나 혹은 노장은 '비극' 또는 '희극'이란 말을 우리가 쓰는 의미로서가 아니라 그와는 반대되는 의미로 쓰고 있다고 말해야 할 것이다. 그렇다면 결국 노장은 우리의 언어, 자기들이 쓰는 우리와 공통의 언어의 의미를 모르고 있다는 결론이 나온다. 그러나 위와 같은 가정은 상식적으로 용납될 수 없다. 그들은 우리가 쓰는 언어의 의미를 알고 또 우리와 똑같은 의미로 그 언어를 쓰고 있다. 그렇다면 어떻게 해서, 어떠한 근거로 노장은 인생을 희극으로, 비극을 희극으로 보는가?

우리는 앞서 여러 가지 예를 들어 사실 인생은 어떠한 경우에서도 그리고 어떠한 사람에게도 고통스러운 것이 아주 자명한 것이라는 결론을 내렸다. 그러나 우리는 자명하다고 생각된 그 결론을 다시 한번 검토해볼 필요가 있다. 애인이 도망갈까 봐 조바심하는 것 그 자체가 과연 비극적인가? 맛있는 음식을 맛보기 위해서 오래 땀을 흘리는 것 그 자체가 괴로움인가? 황제가 자기의 권력을 약탈당하지 않기 위해서 밤낮으로 경계하는 그 행위 자체가 아픔인가? 우리의 뼈를 쑤시는 위병(胃病)이나 우리들의 목숨을 마지막으로 거두어가는 죽음 그 자체가 슬픔인가? 꽃이 꽃봉오리를 맺기 위해서 비를 맞고 햇빛에 쬔다고 하여 꽃은 괴롭다고 할 것인가? 여름이 가고 가을이 와서 무성한 나뭇잎이 지고 말라버린다고 해서 나뭇잎은 슬퍼할 것인가? 만약 꽃과 푸른 나뭇잎이 그들의 존재 조건을 한탄하지도 않고 즐거워하지 않는다면 그들은 각기 아무런 의식도 없고 아무런 욕망도 없이 자연 그대로 자연을 따라 있다가 사라지기 때문이다. 이와 같은 사실은 우리들이 흘리는 땀, 우리들의 걱정, 우리들의 위병, 우리들의 죽음이 고통으로 보이고 따라서 삶이 비극적으로 보이는 이유는 우리들이 의식을 갖고 무엇인가를 욕망하며, 그러한 욕망이 우리들의 삶의 조건과 어긋나기 때문이다. 만약 우리들이 욕망을 버리고, 주어진 삶의 조건을 있는 그대로, 되는대로 받아들인다면 우리들은 삶을 아픔이나 괴로움이나 비극으로 볼 수는 없는 것이다.

한 발자국 더 나아가서 우리들의 관점을 돌려 생각하면 우리들의 가난과 아픔과 죽음까지를 합해서 인생 자체를 하나의 재미있는 놀이, 재미있는 사건, 즐거운 과정으로서 볼 수 있을 것이며, 따라서 우리들은 모든 것을 크나큰 비희극으로 뒤집어볼 수 있을 것이다. 여기서 희극이란 비웃거나 비꼬는 의미에서의 웃음거리로서 본다는 의미가 아니라, 마치 어린애가 모든 것을 대할 때 재미나며 신기해하고 즐거운 것으로 보고, 그러한 느낌을 나타낼 때 터뜨리는 그러한 웃음을 의미한다. 위와 같이 우리가 비극을 희극으로 보고, 아픔을 낙으로 볼 수 있는 관점 전환의 논리는 앞서 예로 들었던바 어느 선객(禪客)의 말에서 이해된다. 그는 '산시산 수시수(山是山 水是水)' 즉 산은 산이고 물은 물이라 했지만, 관점을 달리하면 정반대로 '산불시산 수불시수(山不是山 水不是水)' 즉 산은 산이 아니고 물은 물이 아니라는 관점에서 볼 수 있었던 것이다. 우리의 관점에서 보면 비극은 비극이지만, 노장의 관점에서 보면 비극은 희극이 될 수 있는 것이다. 장자가 자기의 사랑하는 아내가 죽었을 때 눈물을 흘리기는커녕 다리를 뻗치고 항아리를 두들기며 노래를 부를 수 있었던 것은 그가 그 선객의 정신적·지적 경지에 이를 수 있었기 때문이다.

장자는 자기의 정신적 경지를 설명한다.

이 사람이 처음 죽었을 적에 나인들 어찌 홀로 개탄함이 없을 수 있겠는가! 그러나 그녀의 시초를 생각해보니 원래 생명이 없었다네. 생명이 없었을 뿐 아니라 원래 기(氣)조차 없었다네. 황홀한 세계에 있다가 섞이어 변화하여 기가 있게 되고, 그 기가 변하여 형체가 있게 되고, 그 형체가 변하여 생명이 있게 되었도다. 이제 또다시 변하여 죽음에로 갔으니, 이것은 봄·여름·가을·겨울이 서로 갈마들어 사시가 운행하는 것과 같은 이치라네. 이제 내 아내는 드러눕듯이 천지라는 거대한 방에서 잠들게 되었는데 내가 꺼이꺼이 소리내어 따라 통곡하면 나 자신이 명(命)에 통하지 않는 것 같아 그만두었다네![4]

그렇다면 우리는 어떻게 선객의 경지에 도달할 수 있으며, 어떻게 하면 우리는 장자와 같은 눈으로 세상 형상을 보게 될 것인가? 산을 산이 아니라고 보는 것, 죽음을 삶으로 보는 것, 비극을 희극으로 본다는 것은 무엇이며, 그러한 관점은 어떻게 했을 때 이루어지는가?

---

4 앞의 책, p. 140.

속죄와 소요

산다는 게 어떤 것인가? '소요(逍遙)'라는 개념은 노장의 대답을 가장 적절히 나타내는 말이다. 인생을 하나의 놀음으로 본다는 것이다. 그렇기 때문에 인생은 희극, 즉 즐거운 것, 웃음에 찬 것으로 나타난다. 이런 점에 노장의 인생관은 '노세 노세 젊어서 노세, 늙어지며는 못 노나니'라는 우리들의 어느 유행가 가사에 나타난 인생관에도 반영된 것으로 볼 수 있다. 물론 우리는 삶을 고통으로 보기 쉽다. 그래서 우리는 흔히 삶을 '지지고 볶는 것'으로 생각한다. 그러나 노장의 입장에서는 비록 지지고 볶게 못살아도 인생은 하나의 놀이, 하나의 산책, 하나의 소요라고 볼 수 있다. 그렇게 봄으로써 노장은 마치 희랍의 신화에 나오는 신, 미다스Midas가 만지는 것마다 모두 황금으로 바꿔놓듯이 삶의 비극, 삶의 슬픔을 삶의 희극, 삶의 웃음으로 바꿔놓는다.

삶을 하나의 소요, 즉 산책으로 본다는 것은 삶을 어떤 목적을 위한 수단으로 보는 것이 아니라 그 자체가 목적이라고 보는 태도이다. 시인 발레리는 시와 산문을 춤과 걸음에 비유했다. 춤의 움직임은 자체가 목적이지만 걸음은 어떤 목표에 도달할 때 그 의미를 갖는다. 이와 같이 시에 있어서의 언어는 그 자체가 목적이며, 산문에 있어서의 언어는 어떤 의미를 전달하기 위한 수단이다. 이와 같은 비유를 따라 우리는 노장의 인생관을 시에 비교할 수 있으며, 그 밖의 인생관을 산문에 비교할 수 있다. 노장은 삶을 하나의 시로 보는 것이다. 시에 있어서 언어는 어떤 목적을 달성하기 위한 수단이 아니라 그 자체가 목적, 따라서 언어 자체의 축제이듯이, 노장의 시적 인생관을 따르자면, 인생은 딴 목적을 위한 수단이나 준비가 아니라, 그 자체가 목적이다. 이와 같이하여 삶은 그 자체가 하나의 축제가 된다.

삶을 통틀어서 하나의 시, 하나의 축제, 하나의 소요로 보는 노장의 인생관은 삶을 하나의 수단으로 보는 여러 가지 인생관과 두드러지게 대조된다. 가장 두드러진 대조를 우리는 기독교적 인생관에서 찾아볼 수 있다. '산다는 것이 무엇 하는 것인가?'라는 질문에 기독교적 대답은 '속죄'라는 개념에서 잘 표현된다. 기독교에 의하면 삶이란 즐기는 일, 놀아나는 일, 노래나 춤이 아니라, 우리의 '원죄', 우리가 스스로 짓지도 않은 원죄를 씻어야 하는 고행의 기간이요, 처벌을 받는 기간이다. 우리는 마치 범행을 저질러서 인생이란 감옥에 잡혀들어 벌금을 내고 처벌받으며 일을 해서 죄를 씻는 죄인과 마찬가지다. 이와 같은 속죄로서의 삶이 부정적인 인생관임은 두말할 필요도 없다. 기독교의 인생관은 니체가 지적하고 공격했듯이 결국 인생을 부정하는 반생명적인 인생관, 죽음의 인생관이다.

기독교와 비슷한 인생관은 힌두교나 불교에서도 찾아볼 수 있다. 인생을 근본적으로 고통이라고 전제하는 힌두교나 불교는 비록 죄라는 관념을 인정하지 않지마는 기독교와 마찬가지로 인생을 하나의 준비 과정, 보다 만족스러운 세계에서의 삶이란 목적을 달성키 위한 수단으로 본다. 옳게 '업(業)'을 쌓아서 하루바삐 브라만 혹은 열반의 세계에로 옮겨가는 준비 기간이 인생이다. 인생을 속죄의 기간으로 보는 기독교나 인생을 업을 쌓기 위한 기간으로 보는 힌두교 또는 불교는 다 같이 인생을 작업, 즉 '일'로 본다. '일' 하기 싫은 일이 인생이다. 인생은 마치, 생존에 필요한 월급을 받기 위해서 보기 싫은 상관 밑에서 하기 싫어도 해야 하는 '일'과 같다. 그러다가 보면 '일' 그 자체가 미덕이 되어, '일'을 해야 한다, 더 '일'을 해야 한다는 생각이 들게 되고, 어느 경우에는 '일' 자체가 목적으로 된다. 그래서 업적이 많은 인생을 보람 있는 것으로 여기게 된다. 이러한 이른바 '성공주의' 또는 '업적주의'는 특히 미국 사회의 지배적인 사고방식이라고도 한다.

그러나 그러한 미국 사회 내에서 이른바 히피족이 나타
나 의문을 던졌듯이, 어째서 '일'이, 어째서 '성공' 또는
'업적' 자체가 인생의 목적인가를 물어볼 필요가 있다. 어
째서 놀고 즐기는 그 자체가 나쁜가를 따져볼 필요가 있
다. 일은 어디까지나 일이지 '놀이'가 아니다. 일은 그 자
체 즐거운 것이 될 수 없다. 어째서 놀아나는 것 그 자체가
인생의 목적이 될 수 없는가를 우리는 알아낼 수 없다. 우
리는 무엇 때문의 '일', 무엇 때문의 '성공', 무엇 때문의
'업적'이냐고 물어볼 필요가 있다. 어째서 인생은 그 자체
가 놀음·즐거움·웃음이 되어서는 안 되는가를 따져볼
필요가 있다. 상식적으로 보나, 여러 가지 지배적 사상의
입장에서 보나 너무나 엉뚱한 노장의 인생관, 즉 삶을 하
나의 목적 자체로 보는 인생관, 삶을 그 자체가 즐거운 소
요라고 보는 인생관은 언뜻 생각하기와는 달리 결코 쉽사
리 일축될 수 없는 심오한 진리를 내포하고 있다.

이 세상에서 삶은, 아니 오직 하나밖에 없는 이 삶에는
그것을 즐기는 이외에 아무 목적이 없다고 보는 노장의 인
생관은 기독교를 비롯한 힌두교 또는 불교적 인생관을 맹
렬히 공격하고 부정하는 니체의 인생관과 같다. 니체는 흔
히 종교가 전제하고 있는 이 세상 아닌 딴 세상을 부정하
고, 이 세상에서 우리들의 삶을 영원 회귀하는 자연현상의

일부로 본다. 이런 관점에 서서 볼 때 종교가 말하는 선악은 그 의미를 전혀 지닐 수 없는 인위적인 그릇된 속박에 불과하다. 인생은 딴 목적이 있는 것이 아니라 그 자체가 목적이다. 살아 있는 동안 우리들의 욕망을 마음껏 만족시키는 데 삶의 보람을 찾는다. 그래서 우리는 주신(酒神) 디오니소스처럼 술에 취하고 노래와 춤으로써 삶을 불처럼 태우는 데서 참다운 만족을 얻는다. '삶은 하나의 축제'라면서 니체는 노장과 마찬가지로 인생을 하나의 유희·놀이로 본다. 그러나 노장의 소요와 니체의 디오니소스적 축제는 다 같이 그 자체 외의 목적을 부정하고, 그 자체만을 절대적 가치로 여기면서도, 그 성질상 똑같지 않다. 여기에 노장의 인생관의 독창성, 고유한 성격이, 아니 그 깊이가 더욱 드러난다. 노장의 놀이가 '소요'라는 말로써 적절히 서술될 수 있다면, 니체의 놀이는 발광(發狂)에 가까운 '도취(陶醉)'라는 말이 적절한 서술이 될 것이다.

노장의 놀이를 들길 혹은 산길을 따라 가는 소풍에 비교한다면, 니체의 놀이는 극히 극렬한 미식축구에 비교될 수 있다. 니체는 삶의 근본적 욕망을 '권력에의 의지'로 본다. 삶의 놀이는 이와 같은 의지를 만족시켜주는 데 있다. 그리하여 니체의 인생관은 공격적이며 따라서 비극적인 성격을 버릴 수가 없다. 그것은 항상 긴장을 추구하고 삶은 항상 심각하다. 니체의 인생에는 웃음이 없다. 디오니소스가 웃음을 갖는다 해도, 그것은 뒷맛이 허전한 폭소, 거친 웃음이다. 이에 반해서 노장의 인생은 부드럽고 수동적이며, 긴장이 풀린 누그러진 유희이다. 극성스러움이 없는, 극성스러움이 필요 없는 놀이이다. 노장의 웃음은 폭소도 아니며, 비꼬인 웃음도 아니며, 자연스러운 허탈의 웃음이다. 착함이 넘치는 웃음이다. 목적도, 긴장도, 조바심도 필요치 않은 놀이가 노장의 소요이다. 넓은 운동장에서 수만 명의 관중 앞에서 땀을 뻘뻘 흘리며, 숨이 가쁘게 뛰고, 다리가 부서지게 공을 차는 니체의 영웅 차라투스트라 Zarathustra를 상상할 수 있는 반면에 우리는 춘하추동을 막론하고 산길 혹은 들길을 산책하며 아무 목적도 없이 눈에 띄는 모든 것, 귀에 들리는 모든 것, 피부에 감각되는 모든 것을 마음껏 맛보고 즐기는 털털한 노장을 상상할 수 있다.

니체가 극성스러운 슈퍼스타라면, 노장은 조용한 산책가이며, 니체가 미식축구 경기에서 폭포 같은 갈채를 즐긴다면, 노장은 산책길에서 조용히 흐르는 물소리, 시원한 바람, 변화 많은 자연의 경치를 맛본다. 이러한 놀이, 이러한 인생이 노장이 말하는 소요의 본질이다. 그렇다면 우리는 어떻게 이러한 경지에 이를 수 있는가? 어떻게 병이 들고, 배가 고프고, 늙고 죽어가야 하는 인생을 소요라고 볼 수 있겠는가? 먹고 살기 위해서는 항상 일해야 하고 땀을 흘려야 하는 삶을 즐거운 놀이라고 볼 수 있겠는가? 노장은 어떻게 해서 미다스와 같이 일을 놀이로, 아픔을 즐거움으로 바꿀 수 있었던가?

그것은 간단히 말해서 우리가 각자 자기의 자아라는 작은 관점을 벗어나서 우주라는 대승적인 입장에 섬으로써만 가능하다. 노장의 미다스적 마술은 별게 아니라 우리가 우리 자신을 포함한 모든 인간의 상대성을 자각하고, 소승적인 관점에서 대승적인 관점으로, 부분적인 관점에서 전체적인 관점으로 돌릴 때 가능하다. 이와 같은 관점에 설 때 우리는 우리들에게 생기는 기쁨과 고통·죽음을, 끊임없이 변화하는 대우주·대자연의 어쩔 수 없는 필연적인 모습으로 대할 수 있게 된다. 이와 같은 입장에 설 때 우리들은 우리들이 고통이라 생각했던 여러 가지 사건도 사실은 객관적으로 존재하는 것이 아니라 오로지 우리들의 소승적 입장에서 본 욕심의 표현이라는 것을 깨닫게 될 것이다. 그리고 그것들은 대승적 입장에서 보면 마땅히 필요한 과정, 따라서 기쁨으로 받아들여야 할 것으로 대할 수 있게 된다. 니체가 말한 '운명에의 사랑 amor fati'은 별게 아니라 바로 위에서 본 바와 같은 노장에 있어서의 관점의 전환을 의미하는 것에 지나지 않는다. 소승적 관점과 대승적 관점의 관계를 장자는 한편으로 매미와 어린 비둘기의 관점과 또 한편으로는 한번 날면 "물결치는 수면이 3천 리이고, 올라가는 높이는 9만 리이며 6개월간을 두류(逗留)하는"[5] 붕(鵬)과의 관계에 비교한다. 매미와 어린 비둘기들은 남방에 가려고 9만 리까지 올라가는 붕의 가능성을 모르고 붕을 비웃는다. 그와 마찬가지로 소승적 입장에서 벗어나지 못할 때 대승적 입장에서 인생의 모든 고통과 죽음까지를 하나의 놀이·소요로 달관하는 노장적 경지를 이해하지 못하고 인생의 작은 희비애락에 집착하여 그런 결과로 인생을 고통으로 봐야만 하는 것이다. 그러나 대승적 경지에 도달한 사람은 마치 송나라 철학자 영자(榮子)처럼 "온 세상이 아첨해도 그는 감동 안 되고 온 세상이 나무라도 그가 하는 일을 말릴 수 없다".[6] 왜냐하면 그는 매미나 작은 비둘기의 관점을 초월해서 대자연·대우주 속에서 유연히 소요하는 경지에 이르고 있기 때문이다.

이러한 소요의 경지는 더 가까운 예로써 이해된다. 뉴욕시의 엠파이어 빌딩에 올라가라. 그때 우리는 우리가 크고 작다고 구별하던 모든 집·자동차·사람들이 다 같이 작

---

5 『莊子』, p. 22.
6 위 책, p. 23.

게 보이고, 거리를 지나가는 사람들은 개미 새끼 못지않게 작음을 안다. 그때 우리는 새삼 우리들이 애착을 갖던 물건들·사람들이 얼마나 하찮은 것인가를 깨닫는다. 다시 자리를 옮겨 북한산 꼭대기에 올라가라. 크다는 서울 바닥이 손바닥만하게 보임을 본다. 이때 우리는 새삼 우리들이 악착같이 들러붙어 살고 있는 곳, 애착을 갖고 바득거리고 있는 큰 도시가 얼마나 하찮은 공간을 점령하고 있는가를 깨닫는다.

또다시 비행기를 타면, 유리창으로 한없이 작아지다가 마침내는 완전히 사라지고 마는 내 집, 내 땅, 내 도시, 내 나라 그리고 지구마저 얼마나 하찮은 것인가를 이해한다. 그러고 나면 우리는 내가 어떤 욕망을 가졌기 때문에 생겼던 고통, 내가 한순간의 꿈 같은 삶에 애착을 가졌기 때문에 생기는 죽음에 대한 공포, 내가 조국에 애착을 가졌기 때문에 치러야 했던 전쟁 등을 마치 한 푼짜리 장난감 때문에 서로 싸우고 우는 어린애들을 미소를 띠고 바라볼 수 있는 어른들의 심경으로 대할 수 있을 것이다. 그리고 무슨 일이 생기더라도, 비록 죽음이 닥쳐오더라도 마치 하늘의 뜬구름처럼 자연스럽게 흘려보낼 수 있는 심경에 도달할 것이다. 그럴 때, 우리는 밤의 공중을 나는 비행기에 몸을 맡긴 채 눈을 감고 조용한 마음의 평화와, 우주와의 깊은 내면적 조화를 즐거운 마음으로 경험할 수 있을 것이다. 이럴 때 우리는 비로소 노장이 말하는 소요의 경지에 들어간다.

이와 같이 볼 때, 대승적 또는 우주적 차원에서 모든 것을 본다는 것은 다름아니라 우리 스스로를 대자연의 변화 속에 맡기고, 발버둥치지 않고, 니체가 말하는 이른바 '운명에의 사랑'이란 심정으로 삶을 살아가는 것에 지나지 않는다. 이런 경지에 선 인생을 노자는 물에 비유해서 '상선약수수선리만물부쟁(上善若水水善利萬物不爭)',[7] 즉 가장 으뜸가는 선(善)은 물과 같으며, 물은 모든 것을 이롭게 하면서도 다투지 않는다라고 말한다. 인생을 물과 같이 살아간다는 것은 인생을 억지 없이 자연대로 살아감을 말함에 지나지 않고 그것은 '도'를 깨달음이요, '도'를 깨달음은 '무위'의 원칙대로 살아가는 것임을 뜻한다. 이처럼 아무것도 하지 않음으로써, 억지를 부려 살아가지 않고 마치 소요하는 기분으로 살면서 우리는 비로소 참다운 삶을 살고, 참다운 삶을 맛보며, 지락에 이른다. 이러한 원리를 노자는 '위무위 사무사 미무미 대소다소 보원이덕(爲無爲事無事 味無味 大小多少 報怨以德)',[8] 무위를 추구하고

---

7 『老子』, 제8장.
8 앞의 책, 제63장.

일거리 없게 하는 것을 일삼고 담박한 맛을 맛있게 느끼면서 나에 대한 남의 원한이 크거나 작거나 많거나 적거나 간에 나는 언제나 은혜[德]로써 갚는다라고 설명한다. 다시 말해서 우리가 대승적 입장에서 인생을 보고, 우리들의 관점을 바꿔서 살아갈 때, 즉 '관점의 전환'이 이루어졌을 때, 모든 고통, 모든 무의미는 미다스의 황금으로 변하는 것이다.

이러한 노장에 있어서의 관점의 전환은 니체의 이른바 '가치의 가치 전환transvaluation of value'이라는 말로 표현될 수 있다. 노장의 '관점의 전환'과 니체의 '가치의 가치 전환'이 다른 것은 전자의 경우가 부정적인 것이 긍정적인 것, 진흙이 황금으로 변함을 가리키는 데 반하여, 후자의 경우에 있어서는 긍정적인 것이 부정적인 것, 황금이 진흙으로 변함을 가리키는 데 차이가 있다. 니체에 의하면 기독교에 의해서 원래 긍정적인 가치였던 것이 부정적인 가치로, 원래 황금이었던 것이 진흙으로 바뀌었다는 것이다. 그리하여 그는 삶의 긍정적인 가치, 즐거움으로서의 삶을 회복하기 위해 기독교에 의해서 전도된 가치를 다시 회복해야 한다고 주장한다.

노장에 있어서 근본적인 가치는 삶의 즐거움이다. 그러한 가치는 '지락(至樂)'이라는 말로써 가장 적절히 표현되고, 지락에 이를 수 있는 삶의 태도는 '소요'라는 말로써 가장 정확히 전달된다. 지락과 소요는 함께 노장의 이념을 밝혀주는 개념이다. 그리고 '무위'는 그러한 이념을 실천에 옮기기 위한 행동의 근본적인 원칙을 가리키는 개념이다. 또한 '도'는 위와 같은 이념, 위와 같은 행동을 뒷받침하는 형이상학의 차원을 차지한다.

이와 같이 노장에 있어서 존재론·종교·이념은 서로 밀접한 유기적인 관계를 맺고 있다. 그 어느 하나도 딴 것들과 떼어놓고는 참다운 이해에 미칠 수 없다. 그러면서도 노장 사상의 가장 근본적인 문제는 실천적인 문제, 어떻게 살아야 하느냐 하는 문제, 즉 이념의 문제라고 확신한다. 어떻게 보면 그들의 존재론이나 종교도 그들이 믿고 참여한 행복, 즉 소요라고 이름 붙일 수 있는 이념을 뒷받침하는 역할을 하는 것으로 볼 수 있다. 노장 사상의 핵심이 이념적 문제에 있었다는 것은 그 사상이 불안하고 혼돈된 사회라는 콘텍스트 속에서 발생했다는 사실과, 더 구체적으로는 그들의 사상이 특히 유교라고 하는 극히 중요했던 이념과 대립되어 그러한 이념과 대치될 수 있는 이념으로서 제시되었다는 사실, 그리고 노장이 쉬지 않고 직접 유교를 비평하고 야유했다는 사실로서 확실하다.

노장의 이념은 속죄를 삶의 과업으로 하는 기독교의 이

넘도 아니며, 업, 즉 일을 이념으로 하는 힌두교나 불교의 이념도 아니며, 윤리 도덕이란 이름 아래 수양을 강조하는 유교의 이념도 아니며, 인간적 힘과 개발을 강조하는 현대 인문주의적 이념도 아니다. 그것은 놀이·소요를 강조하는 조화와 행복의 이념이다. 노장에 있어서는 오로지 낙(樂)만이 최고의 가치이다. 그 밖의 모든 가치는 행복에 도달하기 위한 수단에 불과하다. 한마디로 노장의 최고 가치는 삶, 하나밖에 없는 이 세상에서의 삶이다.

5 노장과 우리

역설의 논리

『노자』 특히 『장자』는 읽으면 우선 재미있고 신선하다. 이러한 사실의 중요한 이유의 하나는 그들의 철학적 사상이 추상적으로 논리를 따라 설명되지 않고 적절하고 신선한 이미지에 의해서 제시되어 있는 데 있다. 우리들은 그들의 사상의 내용을 생각해서 이해하기 전에 피부로 직접 느낀다. 여기에 노자나 장자가 사상가이기 전에 위대한 작가, 위대한 시인이라고 불리는 이유가 있다. 그들의 감수성 속에서는 딱딱한 철학적 이론도 재미있고 신나는 이야기로 변모한다. 심각한 내용이 웃음을 터뜨리는 잡담같이 친근해질 수 있다. 그래서 그들의 철학은 문학처럼 읽힐 수 있다. 노장이 수많은 사람의 마음을 사로잡는 근본적인 이유의 하나는 그들의 저서가 뛰어난 문학적 가치를 갖고 있는 데 있다고 확신한다. 언어를 떠난 문학을 상상할 수 없음이 사실이라면, 그들의 사상이 2천 년을 두고 수많은 사람의 마음을 차지하고 있는 이유는 그들이 언어를 쓰는 데 능란한 언어의 마술사였다는 데서 찾아낼 수 있을 것이다. 언어를 극단으로 배격한 반언어(反言語) 사상이 언어에 의해서 표현되어야만 했고, 또 바로 언어의 덕택으로 그 사상의 뜻이 전달되고 인류 전체에 크나큰 영향을 미쳤다는 것은 하나의 아이러니이다.

그들의 문학적 가치, 그들의 언어가 우리를 매혹하는 이유는 여러 가지 각도에서 설명될 수 있겠으나, 그들의 언어의 마술 밑바닥에 깔려 있는 것은 '역설의 논리'라고 부를 수 있다. 이러한 논리야말로 그들의 극히 유니크한 사고의 패턴을 나타내고, 그러한 논리가 우리들의 잠들고 무딘 사고를 놀라게 한다. 역설은 A는 A가 아니다라고 도식화될 수 있다. 이렇게 볼 때 역설은 모순에 불과하다. 그러나 만약 역설이 모순에 불과하다면 그것은 근본적으로 틀린 것, 말도 되지 않는 것으로서 아무런 흥미를 끌 수 없다. 역설의 마력은 그것이 언뜻 보아 단순한 모순 같으면서 좀 캐어보면 상식적 차원에서는 볼 수 없는 한 단계 높은 진리를 드러내는 정연한 논리가 있기 때문이다. 역설도 하나의 논리, 어떤 진리를 나타내기 위한 도구이다. 역설의 가장 좋은 예로는 희랍의 한 유명한 소피스트, 제논 Zenon에서 들 수 있다. "날아가는 화살은 날아가지 않는다"라는 것은 그의 유명한 역설의 한 예이다. 위의 진술은 상식적으로 보아 전혀 틀린 말일 뿐만 아니라, 그 진술의 진위를 떠나 그것을 문자 그대로 해석하면 말도 안 되는 강짜 모순이다. 그러나 위와 같은 제논의 역설이 심오하다고 하는 이유는 그것이 상식을 떠나 좀더 다른 각도에서 볼 때, 보다 깊은 진리를 보여주고 있기 때문이다. 화살이 날아가려면 어떤 공간을 통과해야 하는데, 그 공간은 무한히 작은 부분으로, 무(無)에 가까운 공간으로 나누어질 수 있다. 그렇다면 그러한 없는 공간을 지나가는 화살은 어떤 공간도 지나지 않는다. 즉, 정지한 거와 마찬가지다라는 것이다. 이러한 역설을 어떻게 풀이하는가의 문제는 여기서 따지지 않는다. 위와 같은 예에서 '역설의 논리'가 갖는 사고의 힘을 이해할 수 있다. 그것은 새로운 진리를 나타내 보이되 극히 극적인 효과를 갖고 나타낸다. 노장에 있어서의 역설의 논리는 도(道)는 도라는 말로 표현될 수 없다든가, 무위, 즉 아무것도 하지 않음으로써 모든 것을 이룬다든가, 우리가 고통이라고 부르는 것은 지락이라든가 하는 논리이다.

그러나 역설의 논리만으로는 노장의 사상이 우리의 마음을 끄는 사실이 설명되지 않는다. 왜냐하면 짓궂은 익살 꾼이나 거리의 약장수의 수단 속에서도 얼마든지 역설의 논리를 찾아낼 수 있기 때문이다. 약장수의 익살이 재미있는 이유를 역설의 논리로써 설명할 수 있듯이, 노장의 역설의 논리로『노자』나『장자』의 읽는 재미를 설명할 수 있다. 그러나『노자』나『장자』는 재미를 넘어서 우리에게 무한히 깊은 진리를 보여준다. 그렇기에 우리는 노장의 사상을 재미있다고 말하기 전에 심오하다고 말하는 것이며, 그렇기에 그들의 사상은 2천 년 동안 동양은 물론 최근에는 서양도 매혹당하고 있는 것이다. 노장에 있어서 역설의 논리는 그들이 깨달은 심오한 진리를 우리들에게 가장 효과적으로 전달하기 위한 수단에 불과했다.

카뮈는 인간에게 가장 중요한 문제는 인생이 의미가 있는가 없는가를 알아내는 일이며, 그 밖의 지적 문제, 가령 삼각형의 총화가 180도이냐 아니냐, 또는 원자는 분자로 나누어지느냐 아니냐, 말을 번지르르하게 해야 돈을 많이 버느냐 아니냐 등의 문제는 2차적 또는 3차적인 문제라고 하였다. 노장이 우리들에게 제시하는 문제와 그것에 대한 해답은 카뮈가 말한 의미로서의 인간에게 가장 중요하고 근본적인 문제이다. 그들은 우리들에게 인간으로서 근본적으로 어떻게 살아야 하며 어떻게 살 수 있으며, 어떻게 해서 우리들의 근본적인 문제가 해결될 수 있는가를 보여주려고 하는 것이다.

첫째, 도(道)는 도라는 말로 표현할 수 없다는 역설은 존재와 언어를 혼동해서는 안 되며, 자연과 문화를 착각해서는 안 된다는 것을 극적으로 보여주기 위한 논리이다. 왜냐하면 노장의 관점에서 볼 때 인간의 불행의 원인은 인간이 자연과 대립해서 자연으로부터 소외되어 언어의 힘으로 문화라는 인위적 세계를 만들고 그 세계의 포로가 되어 있는 데서 찾을 수 있다. 이와 같이해서 그들은 우리들의 관점과 180도 반대되는 각도에서 우리 스스로를 다시 반성케 한다. 왜냐하면 우리들은 문명화됨으로써 더욱 행복할 수 있다고 믿고 있기 때문이다. 위와 같은 노장의 생각이야말로 우리들이 갖고 있는 일반적인 생각에 비추어 독창적인 것, 심오한 생각이라고 말하지 않을 수 없다.

둘째, 무위야말로 모든 것을 이룬다는 역설은 우리들이 근본적으로 어떠한 태도로써 살아나가야 하느냐에 대한 대답을 제공한다. 우리들이 흔히 생각하고 있는 것과는 달리 인생에 있어서 근본적으로 유익한 것은 우리들이 자연과 대립해서 그것을 정복하고, 모든 일을 우리들의 작은

194

욕망대로 억지로 밀고 나가는 데 있지 않고, 오히려 자연에 따라 그리고 운명에 따라 자연과 운명을 운명으로서 받아들여 조화를 찾음으로써만 얻을 수 있다는 것이다. 우리들의 상식적인 입장에서 보면 이러한 주장은 맞지 않는 역설이지만, 문제를 뒤집어보면 노장의 말은 의미를 갖게 되고 충분히 수긍된다. 우리가 전혀 생각해보지도 않았고 보지도 못한 점을 새삼 생각게 하고 보여준다는 점에서 그들의 주장의 깊이를 인정하지 않을 수 없다.

셋째, 우리가 고통으로 생각하는 삶은 고통이 아니라 낙이며, 우리가 지옥으로 보고 있는 인생이 소요라고 하는 역설은 우리가 바꿀 수 없는 이념으로 믿고 있고, 또 우리들이 인생을 고통으로 또는 지옥으로 보게 되는 이유가 되는 그러한 이념이 아니고 딴 이념을 가질 수 있을 뿐만 아니라, 그러한 새로운 이념에서만 인생의 근본적인 문제가 해결되고, 우리가 겪고, 믿고, 알고 있는 인생의 모든 사실이 더욱 투명하게 이해될 수 있다는 것이다. 여기서 노장은 흑(黑)을 백(白)으로 보고, 밤을 낮으로 보라고 가르친다. 그들은 우리들이 생각하고 우리들이 언제나 집착하고 있는 가치관을 버리고 새로운 가치관, 새로운 인생관을 가질 수 있으며, 더 나아가서는 그러한 인생관을 가짐으로써 비로소 우리들은 우리들의 고통으로부터 해방되며, 절대적인 행복에 도달할 수 있다는 것이다.

우리들이 오랫동안 의심하지 않고 받아들여온 인류를 지배해온 이념들, 예를 들어 인생을 전락으로 보는 플라톤적 인생관, 인생을 속죄의 기간으로 보는 기독교의 인생관, 인생을 업을 쌓기 위한 고역으로 보는 힌두교적 인생관, 인생을 고행으로 보는 불교적 인생관을 생각할 때, 인생을 소요로 보는 노장의 즐거움의 인생관이 얼마큼이나 혁명적이며 독창적인가는 쉽사리 납득된다. 그리고 그러한 혁명적인 인생관이 납득이 가는 인생관임을 인정한다면 그것은 심오한 관점이라고 말하지 않을 수 없다. 노장 사상이 우리의 마음을 매혹하고 우리의 가슴 속에 오랜 세월을 두고 울리고 있는 것은 그들의 생각이 단순히 독창적이라든가 신기하다든가 심오하다는 데만 있지 않다. 그들의 사상이 우리들에게 항상 다가오는 것은 그것이 충분한 근거가 있고, 충분히 여러 가지 이념을 대치할 수 있는 것으로 보이기 때문이다.

그러나 노장 사상의 위대성은 그들의 역설의 논리라는 기발한 논리에만 있지도 않고, 그들이 인생에 대한 완전히 혁명적이고 유니크한 관점을 제공했다는 데만 있지 않다. 그들 사상의 위대성은 그들의 근본적인 문제에 대한 이론들이 합쳐져서 하나의 유기적 체계를 갖고 있는 사실에서 더 굳어진다. 노장 사상의 체계를 주장하는 것은 사실과 어긋날 뿐만 아니라 노장 사상에 근본적으로 배치된다고 생각하기 쉽다. 사실 동양적 사고가 전반적으로 그러하지만 특히 노장 사상은 대부분 단편적인 사상으로 머물러 있고 그들의 저서는 칸트에서 대표적으로 볼 수 있는 정연한 체계를 갖고 있지 않다. 그러나 이와 같은 판단은 피상적이다. 물론 『노자』나 『장자』는 칸트의 『순수 이성 비판』이나 헤겔의 『정신현상학』과 같이 틀이 꽉 짜이고, 앞뒤가 정연하고 하나하나 주장을 쌓아올린 이론을 전개한 책들은 아니다. 그것들은 오히려 몽테뉴의 『수상록』이나 파스칼의 『팡세』에 가깝다. 언뜻 보면 단편적인 생각들을 비유나 우화 또는 구체적인 예로써 전달하고 있다는 인상을 받는다.

그러나 좀더 깊이 관찰하면 『노자』나 『장자』는 『수상록』이나 『팡세』와 다르다. 후자들은 사상 전반적인 문제를 다룬 것이라기보다 어떤 특수한 문제를, 혹은 일상적인 문제에 대한 사색의 단편적이며 일상적인 기록이다. 이에 반해서 전자들은 엉성한 가운데도 가장 기본적인 사상적 문제들을 종합적으로 다루고 있을 뿐만 아니라, 앞에서 길게 분석해보았듯이 그러한 여러 가지 문제들은 서로 깊은 관계를 갖고, 한 문제에 대한 대답은 딴 문제들에 대한 대답을 이해하지 못하고는 납득이 가지 않는다. 노장의 사상은 '도' '무위' 그리고 '소요'라는 개념에 의해서 가장 근본적인 하층 구조를 형성하고 그것들은 하나의 유기적이며 앞뒤가 일관된 논리적 관계를 맺고 있다. 하기야 노장의 사상은 논리적인 체계를 거부하는 사상임에 틀림없다. 그러나 논리적으로 뒷받침된 사상은 진리에서 멀어진다는 생각이 하나의 사상으로 주장되려면, 그것은 반드시 주장되어야 하며, 그것이 주장되는 한에서 그 주장은 하나의 체계를 가져야만 한다. 만약 앞뒤가 정연한 체계를 갖추지 못한 사상은 깊은 사상으로 남을 수 없다. 노장이 2천여 년의 역사적 시련을 받으면서도 위대한 사상의 하나로 공인되고 있는 것은 그것이 엉성한 가운데에도 견고한 체계를 갖고 있기 때문이다. 그럼으로써 그들의 사상은 사상다운 사상, 즉 감상이 아니라 이론으로 남을 수 있었던 것이다. 그렇기 때문에 노장은 작가 이전에 사상가이다.

노장 사상은 우리가 역사상 어느 곳에서도 찾아볼 수 없이 급진적이다. 그 사상이 어느 정도 현실적으로 우리들의 삶에 적용될 수 있는가라는 문제를 보류하고 나면, 혁명적이라는 점에서만도 충분히 위대한 사상이라고 평가되어 마땅하다. 노장 사상의 혁명적인 점은 그 사상의 세 가지 기둥을 이루고 있는 철학·종교·그리고 이념적 측면에서

다 같이 찾아볼 수 있다.

철학적 면에서 볼 때 노장은 존재와 언어의 관계를 근본적으로 재검토하며, 철저한 언어 비평을 가한다. 그들은 인간의 모든 문제를 언어에서 기인한 것으로 본다. 이런 생각은 쾨슬러Koesler가 그의 최근의 저서에서 언어가 지구의 병이라고 한 말이나, 도스토예프스키가 인간을 지구의 병이라고 한 말과 통한다. 그래서 노장은 언어 없는 인간 생활, 문화를 배제한 생활, 언어 없는 진리를 주장한다. 이러한 것이 실제로 가능한가 아닌가를 고사하고, 또 이런 주장이 논리적으로 가능한가 아닌가를 따지지 않더라도, 그러한 주장이 얼마큼 혁명적인가 하는 것은 두말할 필요가 없다. 노장의 종교적 사상의 핵심을 나타내는 '무위' 역시 급진적인 생각이다. 그는 인간의 궁극적인 해방, 즉 종교적 해결이 인위적인 행동을 초월해서 대자연과 조화를 갖고 그 대자연에 따라감으로써만 가능하다고 주장한다. 이러한 생각은 문화가 인류의 발전과 궁극적인 행복을 가져온다는 역사를 통해 지배해왔던 생각과는 전혀 정반대이며, 그러한 주장에는 깊은 진리가 있는 것이다. 마지막으로 노장의 이념을 생각해보자. 그들은 삶의 최고의 가치는 살아 있는 동안 마음껏 즐기는 데 있다는 주장을 한다. 이러한 일종의 쾌락주의는 우리들을 지배하고 있던 여러 가지 이념과 다르다. 예를 들어 금욕주의를 강조하고 그것을 삶의 가치로 생각하는 기독교적, 힌두교적 또는 불교적 인생관과 비교해보면 노장의 인생관이 얼마큼 혁명적인가를 이해하고도 남는다.

위대한 철학적 급진주의radicalism인 노장 사상은 우리들을 항상 매혹하고 감명케 한다. 그러나 노장 사상은 오직 매력으로 남을 것인가? 그것은 현실성 없는 시적 이상에 지나지 않는가? 다시 말해서 그것은 우리들의 생각을 만족시켜주는 데 그치고 우리들의 실천적 생활에 구체적으로 적용할 수 없을 것인가? 2천 년이나 묵은 그들의 사상은 오늘 극도로 문명화된 사회와 어떠한 관계를 맺고 있으며, 그것은 우리들에게 어떠한 의미를 갖고 있는가?

노장과 우리

노장 사상의 특징을 한마디로 요약하자면, 그것이 극히 혁명적 이념이라는 데 있다. 노장은 우리가 삶의 토대로 하고 있는 인생관을 완전히 버리고 그것과 반대되는 가치를 전제로 하는 인생관을 제시한다. 따라서 노장 사상은 '어떻게 살아야 하나?'에 대한 새로운 대답이며 제안이다.

노장은 우리가 귀중히 여기는 문화를 비평할 뿐만 아니라 그것을 제거해야 한다고 주장하며, 억척스럽게 자연을 정복해서 우리들의 욕망에 굴복시키며, 물질적 안위를 채우는 대신, 바람처럼, 골짜기의 냇물처럼 자연을 따라 살아가라고 가르친다. 이러한 가르침을 그들은 무위라고 부른다. 그리고 그들은 우리가 살아가면서 그리고 살아가기 위해서 겪는 모든 고충과 비극을 하나의 희극으로, 하나의 소요로 보라고 일러준다.

이와 같은 노장의 가르침을 문자 그대로 따라가자면 우리들의 삶은 어떠한 형태를 갖추게 될 것인가? 첫째, 우리들은 원시 생활을 하게 될 것이다. 우리는 이른바 문화의 모든 이기를 버리게 될 것이며, 하루하루 풀과 풀뿌리를 뜯어 먹고 병이 들면 병에 죽고, 기운이 빠지면 힘이 빠져 죽어갈 것이다. 그렇다면 과연 이러한 원시적인, 아니 동물적인 생활이 정말 인간이 바라는 것이며, 그러한 생활에서 참다운 즐거움을 갖고, 문화 생활에서 생기는 모든 고통에서 빠져나갈 수 있겠는가? 아닌 게 아니라 프로이트의 심층심리학이나 사르트르의 인간관을 따른다면 인간에게는 그러한 원시적, 아니 동물적인 삶을 동경하는 면이 있다. 그들에 의하면 모든 인간의 고충이 인간의 반성적 의식에 근거하는데, 동물적으로 산다는 것은 그러한 의식에서 해방되어, 아니 그러한 의식 없이, 산다는 의미가 된다. 그러므로 우리는 우리들의 고통의 원인을 제거하게 된다. 사실 의식을 갖고 산다는 것은 괴로운 일이다. 그렇기에 우리는 하늘을 날아가는 산새가 부럽고, 말을 못 하는 강아지가 부러워지는 때가 자주 있다. 그러나 문제는 인간의 욕망이 단순하지 않다는 데 있다. 프로이트나 사르트르가 주장하는 것처럼 우리들이 때때로 동물을 부러워한다는 것이 사실이라 치더라도 인간은 그와 정반대되는 욕망을 갖고 있다.

그는 동물과는 보다 다른 생활 양식을 찾는다. 이와 같이 인간은 서로 양립할 수 없는 모순된 욕망을 갖고 있다. 좀더 깊이 따져보면, 짐승에 대한 우리들의 부러움은 그것이 인간 본질적 욕망의 표현이라기보다 사실에 있어서는 반동물적 삶에 대한 강한 욕구의 뒤집힌 표현이라고 봄이 더 사실에 맞는 것 같다. 반동물적, 즉 문화적 생활을 추구하다 잘 안 되니까 그것에 대한 불만의 표현이 반문화적, 동물적 생활에의 동경으로 나타나는 것이라고 봄이 보다 정확한 해석일 성싶다. 따라서 노장의 반문화 사상은 그것을 문자 그대로 해석할 때 불가능한 제안이며, 그러한 사상은 인간의 본질을 잘못 본 데서 나온 주장이라는 결론이 나온다.

둘째, 노장은 반문화적 삶을 이룩하는 데 필요한 구체적 삶의 태도를 무위에서 찾는다. 무위는 물론 문자 그대로 행동하지 않는다는 말이 아니라 인위적이 아닌 행동을 가리킨다. 그리고 반인위적인 행동을 할 때에 보다 더 효과적이라는 것이다. 가령 내가 강변에 작은 집을 짓고 산다 하자. 장마가 져서 물이 내 집까지 밀려들어올 때 나는 둑을 높이 쌓아서 물을 막으려고 애쓸 것이 아니라, 그곳을 떠나서 장마가 지지 않고 물이 넘치지 않는 딴 곳에 옮겨가서 살라고 하는 것이다. 또 딴 예를 들어 내가 돌에 넘어져서 코를 깨고 팔을 꺾였다 하자. 나는 약을 쓰고 수술을 받아 그러한 상처를 고칠 것이 아니라, 코가 썩고 팔이 썩을 때까지 그냥 버려두라는 것이다. 그리고 이같이 하는 것이 더 효과적이라는 것이다.

　그러나 이러한 논리에는 무리가 있다. 그런 논리는 인간의 타고난 욕망을 무시한 데 있다. 인간에게는 코가 썩어 떨어지는 것보다 인위적이나마 약을 써서 고치려는 것이 더 다급하고 본질적인 욕망이기 때문이다. 무위가 더 효과적이라는 논리도 이러한 인간적 현실을 무시함으로써만 가능하다. 코가 썩어 떨어지는 것이 애써서 인위적으로 코를 고치는 것보다 더 효과적이라는 것은 오로지 인간이 그렇게 코를 썩여 떨어뜨리는 것을 애써 코를 고치는 것보다 더 바란다고 전제할 때에만 가능하다. 비슷한 비평을 장자의 유명한 예에도 적용할 수 있다. 도둑이 귀중한 것을 훔쳐가지 못하게 자물쇠로 궤짝을 잠그다가는 귀중품뿐만 아니라 궤짝마저 도둑맞는다 하여, 그 궤짝을 자물쇠로 잠그지 말고 그냥 있는 대로 내버려두라고 장자는 시사한다.[1] 그러나 여기서 장자는 자물쇠를 잠글 때 도둑이 보물을 훔쳐가지 못하고 그냥 돌아갈 경우가 더 많다는 사실을 무시하고 있다. 그렇다면 장자의 논리와는 달리 자물쇠를 채우는 것이 그렇지 않은 경우보다 더 효과적이라고 말하지 않을 수 없다. 한마디로 무위가 위(爲)보다 더 효과적이란 노장의 주장은 보편적인 진리가 될 수 없고, 그러한 행동의 원칙을 언제나 지킬 수는 없다. 소화하기가 귀찮다 하여 맛있는 음식을 먹지 않을 수 없다.

셋째, 노장은 우리가 살기 위해 흘려야만 하는 땀을 꿀인 줄 알고, 우리가 참아야만 하는 병의 아픔을 멋있는 쾌감으로 알고, 우리들이 경험하는 모든 삶의 고행을 소요로 알라고 설교한다. 이와 같은 우리들의 관점의 180도 전환은 우리들이 소승적 입장을 떠나서 대승적 입장으로 바꿔보고, 우리들의 작은 욕망을 떠나서, 우주적인 관점에 섬

---

1 『莊子』, p. 83.

으로써 가능하다는 것이다. 사실 우리들의 관점을 달리할 때 A는 B로 보이고 B는 A로 보이는 경우가 많다. 높은 빌딩의 지붕에 올라가서, 높은 산꼭대기에 올라가서, 그리고 비행기를 타고 한없이 높고 넓은 하늘을 날면, 사람들을, 도시들을, 그리고 나라들을 바라보면 우리는 그것들에 대한 새로운 모습을 본다. 우리들은 마치 작은 가지가지 삶의 고충을 웃음으로 대하고 그것을 하나의 어린애 장난, 즐거운 소요로 대할 듯한 기분을 갖게 된다. 그러나 우리의 비극은 불행히도 빌딩 지붕 위에, 산꼭대기에, 하늘을 나는 비행기 속에서 머물 수 없다는 사실이다. 우리는 다시금 시시한 땅, 소승적인 관점만을 제공하는 땅바닥으로 내려와야 한다. 왜냐하면 싫든 좋든 간에 그 시시한 땅은 우리가 살 수 있는 유일한 곳이기 때문이다. 우리는 산꼭대기에서 다시 산 밑으로 내려와야만 하는 시지푸스 Sisyphus와 똑같은 운명에 처해 있다.

노장의 삶에 대한 혁신적인 가르침을 문자 그대로 적용하려 할 때, 그들의 가르침은 결국 쓸모없다. 그것은 너무나 비현실적이다. 왜냐하면 그것은 너무나 이상적인, 즉 사실과 맞지 않은 인간관에 토대를 두고 있기 때문이다. 노장의 사상이 그 어느 사상보다 많은 사람들의 마음을 항상 매혹하고 있으면서도, 가령 유교와 같이 딱딱하고 따분하고 멋없는 사상과는 달리 어느 시대에 있어서도 한 번도 한 사회의 정치 사회적 이념으로 채택되지 않았던 사실도 그것이 너무나 이상적인 비현실적인 이념이기 때문이라고 해석된다. 그렇다면 노장 사상은 이념상으로 보아, 즉 우리들의 인생관을 설정하는 관점에서 보아 아무런 가치가 없고, 노장 사상이 심오하다는 것은 오로지 문학적 차원에서만 의미를 갖는가? 노장의 이념은 우리들과 아무런 관계가 없는가? 그것은 우리들에게 어떤 의미를 갖고 있는 것일까?

노장 사상은 그것이 어디까지나 철저한 비평 정신을 나타내고 있다는 데서 시대와 장소를 초월해서 오늘날까지 의미가 있다. 비록 노장이 주장하는 급진적인 이념을 우리들 실제 생활, 특히 오늘날의 인간 사회에 문자 그대로 적용할 수 없다 하더라도, 그것을 거울 삼아, 우리들의 자연에 대한 태도, 우리들과 자연의 관계, 우리들의 윤리적, 사회적 혹은 정치적 체제, 그리고 우리들이 생각하고 있는 가치, 우리들이 삶의 궁극적 가치로서 추구하는 것들을 재삼 그리고 항상 반성하게 된다. 그것은 각 개인에 있어서나 각 사회에 있어서, 그리고 인류가 걸어오고 추구해온 문화와 역사를 맹목적으로 밟아가지 않고, 그것의 의미를 재검토케 함으로써 우리들이 무의식중에 저지를 수 있는 잘못을 고쳐나갈 수 있는 정신적 제동 장치 또는 약으로서 쓸 수 있고, 그럼으로써 우리들이 흔히 빠지기 쉬운 맹목성에서 우리들을 일깨우고, 새로운 창조의 계기를 마련해 줄 수 있는 것이다.

이런 의미에서 노장 사상은 특히 오늘날 우리들에게 극히 밀접한 의미를 갖고, 중요한 사상이 된다. 불과 몇백 년 동안에 기하학적 가속도로 발달한 이른바 기계 문명을 직접 경험하고 있는 오늘날 우리는 나날이 심해가는 공해, 핵전쟁의 끊임없는 위협, 자연 생태적 파괴에 직면하면서 자연과 인간의 관계를 다시금 근본적으로 재검토할 필연성을 절실히 느끼게 되었다. 이러한 사실은 전반적으로 말해서 문화의 의미를 재검토해야 함을 의미한다. 왜냐하면 문화라는 이름하에 추구되는 만들어낸 기계 문명은 우리가 조금도 의심하지 않고 있었던 바와는 반대로 언뜻 보기에는 인류의 행복에 이바지하는 것 같으면서도 근본적으로는 인류의 종말을 가져올 가능성을 나날이 더해가고 있기 때문이다. 1960년대 말에 전세계를 휩쓸던 학생 운동이 웅변으로 질문했듯이 우리들은 우리가 만들어놓은 정치·경제, 그리고 사회 체제가 잘못된 것이 아닌가 의심하지 않을 수 없으며, 더 근본적으로는 문화 자체의 의미를 의심하지 않을 수 없게 되었다. 우리는 무엇 때문에 돈돈 하

고 조바심해야 하며, 우리는 무엇 때문에 긴 세월을 공부
공부 하고 학교를 다녀야 하며, 우리는 무엇 때문에 고급
자동차를 몰고 다니고자 하며, 우리는 무엇 때문에 높은
빌딩을 지어야 하며, 우리들은 무엇 때문에 값비싼 도서
관·미술관·박물관을 지어야 하며, 우리는 무엇 때문에
천문학적 액수의 돈을 들여 무기를 만들어야 하는가를 묻
지 않을 수 없게 되었다.

　노장의 위대성은 2천 년 전 이미 반체제에 나섰던 데에
있고, 2천 년 전 이미 위와 똑같은 질문을 던졌다는 데 있
으며, 2천 년 전 이미 그들 나름의 새롭고 혁신적인 해결책
을 제안한 데에 있다. 그들은 그야말로 호랑이가 담배 먹
던 시절에, 유교로 대표되는 기성 체제의 이념을 저지하고
나와, 기성 체제, 기성 가치를 비판·거부하고, 우리들을
향해, 우리가 믿고 있는 것을 보고 그것이 진리인가를 다
시 생각해보라고 가르쳐주었으며, 우리가 추구하는 가치를
가리키면서 그것이 정말 가치가 있는가를 다시 검토해보라
고 일깨워주었던 것이다. 뒤늦게나마 우리가 오늘날의 정
치·경제 그리고 사회 체제를 반성하게 되고 기계 문명의
진정한 가치를 의심하게 되며, 자연과 인간의 관계를 다시
금 재검토하게 되었다는 사실은 우리들이, 고통스럽고 값
비싼 경험을 통해서야 노장이 2천 년 전에 가르치려던 사

상의 의미를 깨닫게 되었음을 의미한다. 물론 우리들은 과거로 돌아갈 수 없는 처지에 있다. 우리들은 완전히 문화적 이기를 떠나서는 생존할 수 없는 형편에 이르렀다.

우리는 2천 년 전 노장이 주장했듯, 그리고 18세기 루소가 역설했듯이 자연으로 완전히 돌아갈 수는 없는 형편에 놓여 있다. 그러나 우리는 노장의 가르침을 문자 그대로 적용할 수 없다 하더라도, 그러한 가르침을 하나의 상징적 거울로 삼아, 정치·경제 체제를 재검토하며 고쳐갈 수 있고, 더 근본적으로는 우주와 인간의 관계, 자연과 인간의 관계를 새로운 눈으로 보고, 새로운 인간관, 새로운 인생관을 세워나갈 수 있을 것이다.

오늘의 사회가 어딘가 근본적으로 잘못된 점이 있고, 니체 말대로 오늘날까지 인류가 추구해온 가치가 근본적으로 병든 것이었으며, 오늘날의 인류는 스스로도 모르는 사이에 광증에 걸려 있다고 봐도 가히 망발은 아닐 것이다. 엉뚱하고 허황한 소리 같은 노장의 사상은 위와 같은 사회의 잘못을 고쳐주는 등불이 될 수 있을 것이며, 위와 같은 가치가 내포하고 있는 병을 고쳐주는 약이 될 수 있을 것이며, 위와 같은 인류의 광증을 올바른 정신으로 돌려주는 신기할 만큼 효과적인 건강소(健康素)가 될 수 있을 것이다. 노장의 가르침을 따를 때야 비로소, 우리는 근본적으로 문제를 생각하고, 근본적으로 다른 각도에서 그 문제를 검토하며 평가할 수 있을 것이다. 그러할 때 비로소 우리는 파멸의 길이 아니라 창조의 길을, 죽음의 길이 아니라 삶의 길을, 고행의 길이 아니라 즐거운 소요의 길로 당당히 유연하게 걸어 들어갈 수 있다.

도와 이성

동서 철학: 사유의 두 양상

'철학'의 개념과 동서 철학 비교의 가능성

동양 철학에 대한 관심이 동서 학자들 간에 과거에 비해 상대적으로 높아가고 있고 그에 대한 연구가 활발해지고 있다. 아울러 동서 철학의 차이 및 비교에 대한 관심이 근래 늘어나 이 문제가 동과 서의 철학자, 사상가, 역사가, 사회학자들 간에 자주 거론되었다. 이러한 사실은 특별히 동양에서 두드러지게 나타나지만 서양에서도 차츰 볼 수 있는 현상이다. 그것은 동양 문화권의 위상이 서양권에 비추어 최근 상대적으로 크게 부상하여 경제적 및 정치적 측면에서 서양과 대등한 입장에 서기 시작하는 역사적 사실과 무관하지 않다고 추측된다. 바야흐로 하나의 지구촌으로서 국제적 질서가 형성되고 있는 오늘날, 이러한 역사적 시기를 조화롭게 살아가기 위해서 동서 철학의 비교 이해는 동서를 막론하고 중요한 실용적 의의를 갖는다. 하지만 이 문제는 이러한 실용성과는 아무 상관 없이 순전히 이론적인 관점에서만 보더라도 우리의 지적 호기심을 채워줄 수 있는 근거를 지닌다.

그러나 과연 동서 철학이 논리적으로 거론될 수 있느냐라는 의문이 대뜸 생긴다. 문제는 '철학'이라는 개념이다. 이 낱말은 원래 '지식애'를 뜻하는 고대 그리스어의 한자 번역인데 고대 그리스에서 소크라테스와 플라톤 등에 의해 발명되고 틀이 잡혀 데카르트, 칸트, 헤겔, 하이데거, 비트겐슈타인, 데리다 등으로 이어지는 극히 그리스적이며 유럽적인 사고방식 · 사유 양식을 지칭하는 개념이다. 이런 점에서 위와 같은 사고방식을 지칭하는 '철학'이 그리스나 유럽 전통 밖의 문화권에서 존재해왔던가라는 의문이 제기된다. 만약 '철학'이 그리스와 유럽 특유의 사고방식을 지칭하는 개념이라면 그러한 철학이 동양을 비롯한 다른 문화권에서 존재할 수 없다는 결론이 논리적으로 뒤따른다. 정확히 꼬집어 지적하기는 쉽지 않지만, 플라톤의 『대화록』이나 칸트의 『순수 이성 비판』 또는 비트겐슈타인의 『철학적 탐구』에서 볼 수 있는 사고 양식과 『도덕경』이나 『논어』 또는 『주자대전(朱子大全)』에서 볼 수 있는 사고 양식과 지적 관심사가 사뭇 다르다는 것을 쉽게 느낄 수 있다. 두 가지 사고의 성격 차이를 한마디로 엄격히 구별할 수 없지만 그것들은, 첫째 사유 양식이라는 시각에서 볼 때 각기 분석적·논리적 사고와 종합적·문학적 사고로 구별될 수 있으며, 둘째 사유 대상이라는 측면에서 볼 때 각기 언어·담론과 언어 이전의 존재·세계로 분리할 수 있고, 셋째 사유의 의도라는 관점에서 볼 때 각기 개념적 이해와 직관적 인식으로 분간할 수 있다. 만일 이러한 구별에 절대적 근거가 있고 전자와 같은 사유를 지칭하여 '철학'이라 한다면 후자와 같은 사고는 '철학'이라 부를 수 없다. 그렇다면 '동서 철학의 비교'는 논리적으로 불가능하다. 동과 서의 두 사유 양식을 같은 선상에서 검토하는 일은 논리적으로 불가능하기 때문이다.

　그러나 문제는 생각보다 더 혼란하다. '철학'이라는 개념이 서양 사상사 내부에서조차 일률적으로 사용되지 않는 데 있다. '철학'은 개념 분석을 통한 투명한 이해를 추구하는 사유만을 지칭하지 않고 언어 이전에 존재한다고 확신되는 객관적 대상의 본질에 대한 체계적이며 포괄적 인식, 즉 신념 체계를 지칭하는 의미로도 사용되고 있다. 스피노자, 헤겔, 니체, 하이데거 등이 그러한 사유를 해온 대표적 철학자이며 가장 분석적인 사유의 모범이 된 플라톤, 데카르트, 칸트 그리고 분석철학을 대표하는 콰인조차도 담론의 개념적 이해를 넘어서 사물 현상 자체를 파악하려는 의도, 즉 사고의 사변적speculative 측면을 깔고 있으며 직접·간접적으로 세계 일반에 대한 나름대로의 신념 체계를 갖고 있다. 만일 이런 신념 체계가 없다면 그들의 이른바 '철학적', 즉 개념 분석적 사고는 그들이 현재 차지하고 있는 철학적 가치를 갖지 못했을 것이다.

이러한 사실들은 서양의 이른바 '철학적' 사유와 동양의 '사변적' 사유, 담론의 이해와 담론이 전달하려는 대상의 인식은 서로 뗄 수 없이 엉켜 있어 예리하게 구별될 수 없음을 말해준다. 특별한 경우를 제외하고는 위와 같이 그 성질이 약간 다른 사유 양식을 함께 '철학'이라고 부르는 현재의 관행은 우연한 일이 아니다. 그렇다면 처음 생각했던 것과는 달리 '철학'의 개념을 바로 위와 같이 해석할 때 '동서 철학의 비교'라는 말은 비로소 뜻을 가질 수 있으며 그러한 작업이 가능하다. 이 경우 '철학'은 모든 문제에 대한 근본적이면서도 체계적이고, 투명하면서도 포괄적인 사유의 성격을 지칭한다. '철학'이라는 개념은 한 개인 혹은 한 문화 혹은 한 시대의 무한히 다양하고 산만한 개별적 사고, 신념 그리고 행위의 밑바닥에 깔려 있는 것으로 전

제된 일관된 원칙과 통일된 신념을 지칭하는 것으로 풀이
될 수 있다. 그러한 것을 나타내는 개념을 편의상 모체 개
념·원초 개념으로 호칭할 수 있다. 그렇다면 동양 철학과
서양 철학은 각기 자기 특징을 하나의 통일된 체계로 표상
할 수 있는 모체 개념을 찾아낼 수 있는가?

동서 철학의 모체 개념 — '도'와 '이성'

　세계 문화권을 '동서'로 구분할 때 '서(西)'는 지리적으
로 유럽에서 그 원천을 찾을 수 있는 미국 대륙을 포함한
서구 문화권을 가리키는 반면 '동(東)'은 인도와 중국을
중심으로 한 아시아 전체의 문화권을 다 함께 지칭한다.
후자의 두 문화권은 서구 문화권에 비해서 어떤 면에서 공
통된 유사점을 함께 갖고 있지만 또 다른 면에서는 사뭇
다르다. 인도와 중국의 철학을 함께 묶어 같은 것인 양 논
하는 것은 위험한 억지같이 보인다. 그러므로 여기서 '동'
이라고 할 때 그것은 동아시아를 제한적으로 지칭하며,
'동양 철학'은 보다 구체적으로 중국적 사유, 즉 노장 사
상, 유교 및 극동 아시아화한 불교 사상에 깔려 있는 철학
만을 의미한다.

그렇다면 동서 두 가지 철학적 특징을 각기 총괄적으로 표상해주는 모체 개념이 과연 존재하는가, 실제로 존재한다면 그것은 도대체 어떤 것일 수 있는가? 그러한 모체 개념을 찾아낼 수 있다면, 그것들은 각기 '도(道)'와 '이성(理性)'이라는 낱말로 표기될 수 있다.

도

동양 철학의 특징은 노장 사상을 지칭하는 도교와 공맹 사상과 같은 뜻을 갖는 유교의 형태로 표현된다. 그것들은 여러 측면에서 서로 다를 뿐만 아니라 대립적 입장을 취하고 있다. 그러면서도 그들은 보다 근본적 및 고차적 차원에서 서로 분간할 수 없을 만큼의 공통점을 갖고 있다. 중국 문화의 특징을 대표하는 이 두 가지 사상들이 이렇게 유사한 공통점을 갖고 있는 까닭은 그것들이 다 같이 고대 중국의 상(商)과 주(周)의 시대 사상을 대표하는 『주역(周易)』이라는 텍스트 속에 그 깊은 뿌리를 박고 있기 때문이다.

노장 사상과 공맹 사상에서 다 같이 핵심적인 공통 개념은 '도'라는 낱말이다. 그것은 노장 사상을 지칭하는 도교의 전유물이 아니다. 이 개념이 중국인 그리고 중국 문화권의 영향 속에 있던 극동인의 의식 속에 얼마만큼 중요한 의미를 갖는가는 가령 우리들 한국인의 생활 속에 이 낱말이 얼마만큼 널리 그리고 자주 일상적인 여러 맥락, 즉 콘텍스트context에서 사용되는가를 잠시만 상기해도 충분히 납득할 수 있다.

'도'라는 말은 노장의 텍스트나 공맹의 텍스트에서 중요한 의미를 갖는다는 말이며, 우리는 '도'라는 낱말을 우리 자신도 모르는 사이에 거의 무의식적으로 수없이 그리고 자연스럽게 사용하며 의사 소통을 하고 있다. 이러한 사실은 가령 '조문도 석사가의(朝聞道 夕死可矣)', 즉 "아침에 도를 깨달으면 저녁에 죽어도 좋다"라는 공자의 말에서도 쉽게 볼 수 있다. 이와 같은 사실은 '도'라는 개념이 한국인·중국인·일본인이 자연현상과 인간 세계를 경험하고 생각하고 설명하는 데 있어 가장 옳다고 전제한 패러다임이며 그러한 자연과 세계에 적용하는 데 가장 적절하다고 전제된 태도의 모델을 지칭하는 말로 사용된다.

이성

'도'가 동양 철학의 특징을 이해하는 데 가장 중요한 기본적 개념이라면 서양 철학에서 이 말에 맞먹는 중요한 개념은 아무래도 '이성'이라는 한자로 번역되는 로고스logos 혹은 라티오ratio 내지 리즌reason·레종raison·페어눈프트Vernunft이다.

'이성'이라는 개념이 가장 서양적인 사유, 즉 철학의 특징을 나타내준다는 사실은 서양 철학사를 잠깐만 뒤져보면 금방 알 수 있다. '이성'이야말로 소크라테스와 플라톤에서 비롯하여 데카르트를 거쳐 적어도 후설이나 논리실증주의자들에 이르기까지, 즉 이른바 해체주의나 포스트모더니즘이 대두하기 전까지만 해도 서구인들이 한결같이 자부심을 갖고 언급해왔고 존중했던 가장 소중한 정신적 유산임에 틀림없다. 그들은 오로지 자신들만이 선천적으로 갖고 있거나 아니면 후천적으로 발견하여 소유했다고 확신하고 있는 '이성'이야말로 자신들의 문화를 그 밖의 다른 모든 문화와 엄격히 구별해주는 요소라고 확신해왔다. 물론 그들 가운데에도 예외는 더러 있었다. 고대 그리스에는 소피스트가 플라톤적 이성주의에 이미 도전했고, 흄의 회의주의가 데카르트의 합리주의를 비판하였으며 칸트의 이성 비판, 니체의 철저한 관점주의, 즉 퍼스펙티비즘perspectivism 등이 이성에 대한 의심을 계속해왔으며, 하이데거가 서구 철학의 바탕인 소크라테스, 플라톤적인 이성의 허구를 파헤치려 했으며 최근 데리다가 이른바 서구의 로고상트리즘logocentrism, 즉 이성중심주의를 해체하는 작업에 나서고 있다.

그럼에도 불구하고 이성은 서구인들의 의식 생활 밑바

닥에 깔려 있고 그들의 사고를 결정적으로 지배해왔으며 아직도 그러하다. 그러나 따지고 보면 그러한 서양 이성의 실체를 부정하려는 온갖 노력이나 주장도 역시 똑같은 서양 특유의 이성의 산물에 지나지 않는다고 보아야 한다. 이성의 한계를 비판하면서도 칸트가 가장 귀중히 여긴 인간의 특징은 역시 이성이었다. 후설이 현상학이라는 철학적 방법론을 고안해낸 근본적 동기도 상대주의적, 즉 비이성적 인식론과 싸워 그것을 극복하고 이성을 고수하려는 데 있었다. 그는 만년의 미완성 원고인 『유럽 학문의 위기와 선험적 현상학』에서 오직 유럽만이 발견한 이성의 표현으로서 서구 철학 사상 및 과학 지식은 세계 어느 곳에 있는 어떠한 사상과도 같은 자리에서 같은 척도로 비교될 수 없는 유일하며 특수하게 뛰어난 정신의 소산이라고 주장한다. 그리고 그에 의하면 우주의 역사는 이런 이성에 의한 자신의 개명이라는 텔로스telos, 즉 우주적 · 형이상학적인 신비로운 목적을 향해 흘러가고 있으며 그러한 것을 발견하고 그러한 것을 개발해왔던 유럽인들은 그들의 고귀한 정신 유산인 '이성'을 수호해야 한다는 것이다.[1] 그는

---

[1] Edmund Husserl, *The Crisis of European Sciences and Transcendental Phenomenology*, tr. David Carr, Evanston: Northwestern University Press, 1970, pp. 276~284.

그런 작업이야말로 '인류에 대한 서양의 사명'[2]이라는 말로까지 엄숙한 어조로 역설한다. 그의 이러한 논지와 어조에는 서양·유럽인으로서의 자신 그리고 이성을 인류의 선두에서 지키는 철학자로서 자신의 자부심을 간접적이지만 주저 없이 천명한다.[3]

이성이 서구적 사유의 특징을 한 낱말로 표상해주는 데 틀림없다는 주장은 서구 정신의 원천을 고대 그리스에서 찾을 때만 수긍된다. 그러나 서구 문화는 그리스적 전통과 아울러 중동에서 발생하여 기독교의 형태로 서구 문화를 결정적으로 지배해온 세마이트semite 종교에서 비롯된다. 이 종교의 핵심적 존재 또는 실체는 추상적, 즉 비인격적 이성이 아니라 '신(神)'이라고 불리는 인격적 절대자이다. 따라서 서구 문화의 모체 개념을 '이성'이라는 말로 단일화할 수 없다는 주장이 나올 수 있다. 그럼에도 불구하고 우리의 관심은 종교적이기에 앞서 철학적 차원에서 본 서

2 Edmund Husserl, 위의 책, p. 299(필자 강조).
3 위와 같은 철학자들은 이외에도 많다. 헤겔은 아시아적 사고를 '침체적'으로 보았고, 사회학자 베버는 동양적 합리성을 '전통적'이라 하여 서양의 보편적/합리적 합리성과 구별했으며, 인류학자 레비 브롤은 서양의 논리와 '원시적 사고'의 차이를 주장했으며, 시인 폴 발레리는 동양의 서양화가 서양의 힘이 상대적으로 몰락하고 있음을 의미한다고 한탄하면서도 서양적 사고의 가치를 극구 찬양했고, 소설가 말로와 카뮈는 다 같이 서양 철학의 한계를 인정하면서도 그것을 극히 귀중히 여겨 계속 지키고자 했다.

구 문화이며 그러한 서구 문화는 아무래도 신이라는 개념
보다는 이성이라는 개념에 의해서 자신의 특징을 부각시
킬 수 있다. 모든 문화는 어떤 형태로든 인격적 존재, 즉
신으로 표상될 수 있는 존재로서 자연현상과 인간의 문제
를 설명하려는 의도를 나타내고 있음을 인정할 때, 현 담
론의 맥락에서는 서구 문화의 핵심을 종교적 교리에서보
다 철학적 사유에서 찾고자 하는 우리의 입장은 정당하다.

'도'와 '이성'의 개념 비교 분석

'도'와 '이성'이 각기 동서 철학·사유의 특징을 나타내
는 모체, 즉 키key 개념의 표기라면 이 두 개념을 분석함
으로써 동서 철학의 본질이 각각 파악될 것이며 그런 바
탕에서 두 철학·사유는 비교되고 서로 비판될 수 있을 것
이다.

이 개념들은 단세포·일차원적이 아니라 다세포·다차
원적이다. 개념의 이러한 양적 구별은 경험의 범주와 관련
시켜 설명할 수 있다. 경험의 범주는 철학을 근본적으로
성질이 서로 다른 세 가지 문제로 구분하여 본 칸트의 예
를 따라 존재론적, 인식론적 및 윤리적 시각 세 가지 종류

로 크게 구분할 수 있다. 가령 '동물'이나 '진리'나 '선' 등의 개념들은 모두 단세포적이다. 왜냐하면 그것들은 각기 존재, 인식 그리고 윤리에만 직접 관련되기 때문이다. 그러나 우리가 검토 중인 동서 철학의 모체 개념, 즉 특성 서술의 개념이라는 관점에서 논의된 '도'나 '이성'이라는 개념들은 어떤 한 범주만이 아니고 몇 가지 범주에 동시에 관계되어 다세포적으로 사용되고 있다.

'도'와 '이성'의 개념적 다세포성, 즉 다의성은 편의상 서양적 개념을 동원할 때 쉽게 이해된다. 그것들은 다 같이 그리고 동시에 존재론적, 인식론적 및 실천규범론적 의미를 띤다. 즉 그것들은 둘 모두 존재·실체, 사고방식 및 윤리 가치를 동시에 지칭하는 개념으로 이해되어야 한다는 말이다. '도'와 '이성'은 각기 첫째, 그것들의 내용, 즉 신념 체계, 둘째, 각기 그것들의 인식 구조, 셋째, 각기 그것들의 행동 원칙을 동시에 지칭하는 다의적 복합 개념이라는 것이다. 우리가 서양 철학과 서양 문화를 수입하는 과정에서 어느덧 친숙하게 된 개념으로 설명하자면 '도'와 '이성'이라는 낱말은 첫째, 세계관, 둘째, 논리관, 셋째, 인생관을 동시에 지칭하는 개념의 표기에 불과하다. 동서 철학의 특성을 총체적으로 표상하는 '도'와 '이성'의 특수한 본질은 위와 같은 세 가지 측면에 한결같이 나타난다는 것이다. 그러므로 동서간의 세계관, 논리관, 인생관은 각기 '도'와 '이성'이란 개념에 비추어 분석되고 조명되며 설명될 수 있다는 것이고, 역으로 말해서 동서의 세계관, 논리관, 인생관을 개별적으로 분석하여 서술하고 거기서부터 각기 그것들이 공통적으로 소유하고 있는 특성을 도출시킴으로써 동서 철학을 각기 일관적으로 표상하는 '도'와 '이성'의 두 개념을 파악할 수 있다는 것이다.

존재론적 개념으로서의 '도'와 '이성'

'도'와 '이성'은 다 같이, 무엇보다도 존재론적, 즉 어떤 실체를 지칭하는 형이상학적 개념이다. 존재하는 것 또는 실체는 개별적으로 검토될 수 있다. 이런 경우 존재론은 하이데거의 표현대로 '지역 존재론'에 머문다. 그러나 존재론 혹은 형이상학은 존재 일반 혹은 실체 일반에 대한 것으로 역시 하이데거의 용어를 이용한다면 '기초적 존재론'이 있을 수 있다. 여기서 '도'나 '이성'은 후자의 존재론에만 관계되는 개념으로서 존재 일반을 총체적으로 지칭하는 개념으로 보아야 한다. '도'와 '이성'이 이러한 뜻으로서 존재, 즉 실체를 지칭하는 개념으로 각기 동서 철학에서 사용된다는 사실은, 전자의 경우 '도가도비상도 명가명비상명 무명 천지지시 유명 만물지모(道可道非常道 名

可名非常名 無名 天地之始 有名 萬物之母', 즉 "도로써 도라고 할 것은 참 도가 아니고, 이름으로 이름이라 할 것은 참 이름이 아니다. 무명은 천지의 시작이요, 유명은 만물의 어머니이다"라는 『도덕경』의 유명한 첫 구절에서 명백히 드러나고, 후자의 경우는 "이성적인 것은 실재하는 것이며 실재하는 것은 이성적인 것이다"라는 존재 일반의 본질적 성격에 대한 헤겔의 유명한 언명으로 뒷받침된다. 노자의 명제 중 '도'라는 말이 어떤 객관적 실체를 지칭하기 위해 사용되었음은 자명하다. 헤겔의 경우는 언뜻 보아 좀 다른 듯하다. '이성'이라 하지 않고 '이성적'이란 말을 쓰고 있기 때문이다. '이성'이라는 말이 어떤 존재를 지칭하기보다는 어떤 존재의 속성property을 나타내는 말로 사용되고 있기 때문이다. 그럼에도 불구하고 그러한 속성을 가진 존재가 실재하는 것과 동일하다는 헤겔의 견해가 옳다면 '이성적 속성을 가진 것'은 곧 이성 이상도 이하도 아닌, 바로 이성이라는 실체일 수밖에 없다.

바로 위에서 이미 암시됐지만 '도'와 '이성'은 그저 어떤 존재적 실체에 붙인 명칭, 즉 레테르에 그치지 않고 그런 실체를 지칭하는 동시에 그것의 성질, 즉 속성을 서술하는 개념이기도 하다. '도'와 '이성'은 어떤 실체를 지칭하는 꼬리표라는 점에서 전혀 구별할 수 없지만 그것들이 실체의 속성을 서술하는 점에서는 서로 차이를 나타낸다. 하나의 같은 존재·실체가 '도'라는 속성으로 서술될 경우, 즉 '도적(道的)'이라고 서술될 때와 '이성'이라는 속성으로 기술될 경우, 즉 '이성적'이라고 서술될 때 그것들 간의 차이, 즉 동서 철학에 담겨 있는 형이상학적 존재론은 차이를 드러낸다는 말이다.

위에서 예로 든 노자와 헤겔의 각 명제에서 동과 서의 두 철학자들은 각자 '도'와 '이성'으로 호칭하는 존재 일반 혹은 실체에 대해 언급할 뿐만 아니라 그러한 존재의 특성에 대한 견해를 이미 진술하고 있다. 그렇다면 그것들의 핵심적 특징은 어떻게 서술될 수 있는가?

첫째, 동서 철학의 특징적 차이는 언어성과 비언어성의 차이로 나타낼 수 있다. 노자는 위에 인용한 명제에서 '도'라는 형이상학적 실체, 즉 존재 일반의 본질이 언어로는 결코 서술될 수 없음을 강조한다. 어쩌면 바로 이 점이야말로 존재 일반 혹은 실체에 대한 이른바 '동양적' 세계관의 특징을 가장 분명히 나타내는 것으로 볼 수 있다. 도라는 존재가 '도'라는 말로 서술될 수 없다는 말은 도가 개념화될 수 없다는 말이며, 개념화될 수 없다는 말은 정확한 기하학적 선이나 투명한 수학적 관계를 이해하는 경우와는 달리 지적으로 만족스럽게 파악 혹은 인식될 수 없다는 말이다. 노자의 명제와 대조해서 역시 위에서 인용한 헤겔의 명제는 노자가 보여준 사물관, 즉 실체의 성격에 대한 시각과는 정반대 견해를 나타낸다. 헤겔의 주장대로 실체가 이성적이라는 말은, 실체는 지적으로 투명하게 파악될 수 있고, 무엇인가 투명하게 서술될 수 있다는 말은 그것이 개념화될 수 있다는 뜻이며, 무엇이 개념화될 수 있다는 말은 그것이 언어로 정확히 서술될 수 있다는 의미를 갖는다. 헤겔은 궁극적 존재, 즉 실체가 이처럼 언어 서술로써 지적으로 파악될 뿐만 아니라 그렇게 될 수 있는 것만이 실체이며 그렇지 못한 것은 환상일 뿐 실체로서 존재하지 않는다고까지 주장함으로써 존재의 개념적 혹은 언어적 투명성을 크게 강조한다. 요컨대 '도'로 지칭된 실체는 직관적 인식 대상일 수밖에 없는 데 반하여 '이성'으로 표기되는 실체는 논리적 파악의 대상이다.

둘째, 존재론적 개념으로서 '도'와 '이성'의 차이는 이 두 개념 속에 나타난 존재 전체, 즉 우주의 구조 형태에 있다. 그 구조의 특징은 '일원적 순환성'이라 할 수 있다. 도로서 상징되는 우주 전체는 표면적 다양성에도 불구하고 어떠한 방식으로도 분리될 수 없는 단 하나이다. 존재 전체에 대한 총괄적 견해를 세계관이라 한다면 동양적 세계관의 특성은 일원론적이다. 일원적 세계관에서 볼 때 서양 철학의 영원한 문제의 하나로 되어 있는 물질과 정신, 몸과 마음 간의 관계는 별 의미를 띠지 않는다. 동양의 일원적 세계관은 노장적 도교에서 분명하지만 어떤 측면에서 도교와 반대되는 유교에서도 그렇다. 유교의 세계관은 주자학으로 체계화되는데, 주자학은 『주역』에 근거를 두고 있기 때문이다. 주자학의 존재론이 모든 존재를 한편으로는 음(陰)과 양(陽)으로 다른 한편으로는 이(理)와 기(氣)로 양분함으로써 이원론적 형이상학으로 보이지만, 음과 양이나 이와 기는 형이상학적으로 그 속성이 다른 두 개의 분리된 존재를 지칭하지 않고 단 하나의 존재인 우주의 상보/순환적 두 측면에 불과하다. 그러므로 유교의 세계관도 역시 일원론적이라는 데는 변함이 없다. 동양의 일원론적 세계관의 또 하나의 특징은 윤회·순환적circular-cyclic이라는 데 있다. 모든 존재 그리고 모든 현상은 어떤 일정한 단일 방향이 있는 것도 아니며 목적이 있는 것도 아니다. 이러한 세계관은 힌두교나 불교의 윤회 개념에서 명확히 표현된다.

우주 전체의 구조가 동양의 '일원론적 곡선'으로 서술될 수 있다면 이성이라는 개념으로 지칭되는 서양의 형이상학적 우주관은 '이원론적 직선'이라는 말로 기술할 수 있다. 서양에서 이원론적 형이상학은 기독교로 대표되는 서양 종교의 핵심을 차지하고 있다. 조물주 유일신과 그 창조물의 절대적 분리, 물질적 속세와 영적 천당의 절대적 구분은 분명 이원론적 발상이다. 그리고 그 사상은 고대 그리스에 뿌리를 둔 철학적 사상도 마찬가지다. 감각적 sensible 현상계와 가지적intelligible 관념계의 플라톤적 구별, 공간적 존재res extans와 사유적 존재res cogitans의 데카르트적 절대 구분, 본체noumena과 현상phenomena의 칸트적인 뚜렷한 차별, 즉자(卽自)l'être-en-soi와 대자(對自)l'êtne-pour-soi의 화합할 수 없는 사르트르적 구별은 서구에서 이원론적 세계관이 얼마만큼 뿌리깊은가를 실증해 준다.

서구적 형이상학·세계관의 구조적 특징은 이원성인 동시에 직선linear/수직성vertical에 있다. 플라톤의 '이데아'라는 관념적 세계, 칸트의 초월적 본질계 등은 필연적으로 인간을 포함한 모든 현상의 목적성을 함의하고 그것에로 통하는 방향을 직선적으로 제시한다. 모든 현상은 물론 우주 전체도 어떤 목적을 갖고 있다는 것이다. 바로 이런 점에서 한 인간의 삶, 인간의 역사, 그 밖의 모든 현상 그리고 우주 전체는 '의미'를 갖는다. 이 같은 서구의 목적론적 형이상학·세계관은 우주의 모든 현상을 '정신의 자기 전개 과정'으로 본 헤겔의 방대한 철학적 체계나 더 가까이는 우주의 역사는 물질로부터 오메가omega라는 정신적 내용의 형이상학적 종점에 도착함을 목적으로 하는 진화 과정이라고 본 테이야르 드 샤르댕의 진화론적 우주론[4]에서 가장 대담하고 명료하게 주장된다.

동서 철학에 나타난 세계관·존재론의 구조에 대한 위와 같은 관점 차이는 보다 쉽게 말해서 의인적 anthropomorphic·인격적 personalistic 세계관과 자연주의적 naturalistic·비인격적 impersonal 세계관의 차이라고 말할 수 있다. 사물 현상의 과학적 설명의 특징은 자연주의적, 즉 비인격적이라는 데 있다. 이런 점에서 동양의 세계관이 '과학적'인 데 반해서 서양적 세계관은 '미신적'이라고까지 말할 수 있다. 이런 결론은 극히 역설적이다. 왜냐하면 서양 문화의 가장 두드러진 구체적 특색과 공헌은 오직 서양인들만이 현대적 의미의 '과학'을 창조했기 때문이다.

동서를 막론하고 상식적 생각은 물론 철학적 사고에 있어서도 오랫동안 인식과 인식 대상의 관계를 잘못 믿었다. 무엇을 인식한다는 것, 즉 무엇이 있다고 믿는 것은 객관적으로 존재하는 대상이 인식자의 의식에 반영됨을 뜻하

---

4 Pierre Teilhard de Chardin, *Le phenomene humain*, Paris, 1955, 참조.

는 것으로서 의심하지 않았다. 그러나 적어도 칸트 그리고 니체 이래 인식과 인식 대상, 존재하는 것과 우리가 알고 있는 존재의 관계에 대한 위와 같은 믿음을 고집할 수 있는 이는 이제 아무도 없다. 같은 대상도 그것을 인식하는 주체의 사고 · 논리 구조에 따라 다를 수 있다는 말이다. 동서에서 표출된 위와 같이 다른 세계상은 분명히 동양과 서구인들이 갖고 있는 사고 · 논리 구조와 뗄 수 없는 관계를 갖고 있을 것이다. 그렇다면 도와 이성은 또한 다 같이 사고 · 논리를 지칭하는 개념으로서 분석되고 비교될 수 있다.

논리 구조 개념으로서의 '도'와 '이성'

'도'라는 말이 위에서 보았듯이 존재의 질서, 즉 존재 본연의 형태를 가리키는 뜻으로 사용되지만 그것은 또한 사물이나 인간이 마땅히 갖추어야 할 자세 혹은 행동이나 사람이 마땅히 지켜야 할 규범의 뜻으로도 함께 사용된다. 중국 문화권에서 우리는 무엇무엇의 '도리(道理)' 혹은 무엇무엇을 하는 '도'를 터득했다든가 혹은 무엇을 잘한다는 뜻으로 '도통했다'라는 용어를 자주 듣거나 사용한다. 중국 문화권 밖의 동양 문화권, 즉 인도에서 '도'에 해당하는 개념은 다르마(達摩)dharma라 하는데 그것은 '도'라는 말과 마찬가지로 우주의 형이상학적 질서를 지칭하는 동시에 인간이 지켜야 할 여러 가지 법도(法道), 즉 규범을 가리키는 말이다.

서구 문화권에서 '이성logos, ratio, reason, raison, Vernunft'이란 말은 앞서 보았듯이 존재를 지칭하는 개념이기도 하지만 그것에 앞서 그리고 더 일반적으로 인간의 지적 사고의 기능, 특히 논리적 기능을 지칭하는 데 우선적으로 사용된다. 데카르트적 인식론에서 말하는 합리주의rationalism, 칸트의 비판철학에서 말하는 이성Vernunft 그리고 후설의 현상학이 말하는 고대 그리스적 이성은 존재의 형이상학적 질서가 아니라 인간의 지적 인식 기능을 지칭하는 말로 사용된다. 즉 그것은 사물의 질서와 본질에 대한 판단의 맞고틀림 혹은 진·위의 규범, 표준이거나 행동의 결정과 평가를 결정할 수 있는 좋고나쁨 혹은 옳고그름의 규범, 원칙이라는 뜻을 띤다. 한마디로 이 경우 도와 이성은 다 같이 어떤 명제의 진위나 어떤 행동의 옳고그름을 가려내는 논리적 규범의 뜻을 갖는다. 따라서 동서 철학을 각기 대표하고 그것들 간의 차이를 나타내는 도와 이성은 바로 그러한 낱말로 표시된 동서간의 논리적 규범의 차이를 분석하고 비교함으로써 한층 더 잘 이해될 것이다.

동서양의 사고의 특징과 차이가 적지 않은 인류학자, 사회학자 그리고 철학자의 관심을 끈 지는 이미 오래다. 동서간에 발견할 수 있는 사고 패턴의 일반적 특징과 그들 간의 차이에 대해 잘 알려진 견해의 예를 들 수 있다. 가령 노스롭은 미학성the aesthetic과 분석성the analytic[5]으로, 베버는 전통성the traditional과 합리성the rational[6]으로, 후설은 실천성the practical과 이론성the theoretical 혹은 비과학성the nonscientific과 과학성the scientific[7]으로, 동서 철학에 나타난 사고의 일반적 특징을 구별해서 서술했다. 위와 같은 식의 구별은 다 같이 나름대로 납득된다. 그러나 동양인과 서양인의 각기 사고 양식에 대한 위와 같은 서술과 비교는 다소 다른 서술에 비추어볼 때 보다 잘 밝혀질 수 있을 것 같다.

동서의 사고 패턴의 특징을 몇 마디로 묶으면 각기 동양의 수동적 적응성과 서양의 능동적 통제성, 동양의 유동적 탄력성과 서양의 경직된 획일성, 동양의 곡선적 다원성과 서양의 직선적 환원성으로 표현될 수 있을 것 같다. 노자의 무위(無爲)는 행동과 사고의 규범을 지칭하는 개념이

---

5 F. C. Northrop, *The Meeting of East and West*, The Macmillan, 1946, 참조.

6 Max Weber, *Economy and Society*, ed. G. Roth and E. Witilich, Berkeley: University of California Press, 1968, 1978, 참조.

7 Edmund Husserl, 앞의 책 참조.

다. 무위의 원칙은 육체적 행위 즉 행동과 정신적 행위 즉 사고를 부정하는 금기적 규범이 아니라 어디까지나 행위의 원칙에 지나지 않는다. 다만 무위가 주장하는 행동의 원칙은 탄력적 적응성, 즉 상황에 따라 가장 자연스러운 행동을 의미한다. 달리 말해 노장에 있어서 무위의 행위 원칙은 '도'라는 행위 및 사고 규범에 지나지 않으며, 바로 이러한 행위 규범으로서 도는 존재 질서로서의 자연을 지칭하는 도를 따름을 의미한다. 그러므로 노장 사상에서 가장 잘 나타난 동양적 입장의 존재의 질서와 사고의 질서, 즉 인식의 원칙은 서로 일치한다. 따라서 자연이 그렇지 않은 것과 똑같이, 인간의 사고도 획일적이지 않고 상황과 사정에 따라 상대적으로 탄력성 있는 적응력을 잃지 않아야 한다. 이러한 신념은 장자의 상대주의에서만 아니라 공자의 상황주의적 사고에도 다 같이 나타난다. 공자의 윤리도덕은 경직되어 보인다. 그러나 『논어』에 의하면 자기의 마을에 사는 한 고지식한 아들이 염소를 훔친 아비를 고발했다고 한 제자가 말하자 그는 '오당지직자 이어시 부위자은 자위부은 직재기중의(吾黨之直者 異於是 父爲子隱 子爲父隱 直在其中矣)', 즉 "우리 고장에 사는 곧은 사람은 그와는 다르다. 아비는 아들을 위해 숨기고 아들은 아비를 위해 숨기는데 바로 이런 것이 곧은 행위이다"라고 대답했다. 공자는 윤리 규범이 결코 획일적으로 적용되어서는 안 되며 여러 개별적 상황을 고려하여 결정한 행동이야말로 옳다는 것을 말한다. '군자불기(君子不器)', 즉 "군자는 외통수가 아니다"란 말도 바로 사고의 획일성을 비판하기 위해 사용된 것이다. 이런 점에서 '실천적'인 동시에 '미학·시적'이며 '다원적'이며 '비과학적'이며 '적응적'이라는 서술이 각기 그 의미를 가진다.

도라는 개념으로 표현되는 동양적 논리의 특징을 노자의 '무위'라는 말로 편리하게 표상할 수 있다면 '이성'으로 기술되는 서구적 사고 패턴의 특징은 아리스토텔레스의 '논리' 개념으로 집약적 표현을 갖출 수 있을 것이다. 삼단논법으로 대표되는 아리스토텔레스의 논리는 어디까지나 연역적이다. 연역적 사고 원칙은 가장 일반적, 즉 보편적 명제로부터 개별적 특수 명제를 필연적인 동시에 획일적으로 추출하고자 하는 환원적 사고방식을 말한다. 현상적으로 관찰되는 무한한 개별적 존재들을 지적으로만 파악될 수 있는 영원부동한 관념적, 보편적 그리고 초시간적 '이데아'라는 존재에 비추어 논리적으로 설명하려는 플라톤의 형이상학도 연역적 사고의 대표적 산물의 하나이다. 기하학, 더 일반적으로 수학 그리고 나아가서는 오늘날 우리가 알고 있는 현대적 자연과학이 오직 서양에서 특별히 발달했다면 그 사실은 결코 우연이 아니다. 수학은 물론 자연과학은 근본적으로 연역적 사고의 특징을 알기 쉽게 보여주는 대표적 예로 들 수 있기 때문이다. 바로 이런 점에서 서구적 사고의 특징은 '이론적'이며 '분석적'이며 '획일적'이며 '과학적'이며 '정복적'이라는 말로 서술될 수 있다.

사고의 논리란 곧 합리성의 문제이다. 현재 일반적으로 사용되고 있는 대로라면 '합리성'이란 개념의 가장 일반적 의미는 어떤 신념을 선택하는 근거를 말한다. 베버는 합리성 rationality을 내실적 substantive인 것과 도구적 instrumental인 것으로 구별한다. 도구적이란 필연적으로 수단적인 것, 방법적인 것에 지나지 않으며 내실적이란 방법을 떠나 목적하는 바, 즉 가치 자체를 가리켜 말한다. 베버에 의하면 오늘날 서양에서 말하는 합리성은 '도구적' 기능 이상일 수 없다는 것이다. 서양적 이성, 즉 논리는 우리들의 사고가 무엇을 위한 것인가에 대한 물음에는 전혀 대답할 수 없다는 것이다. 우리 시대가 '철창의 감옥'이란 그의 말도 바로 서양적 사고 논리가 부딪친 공허한 상황, 즉 '도구적 이성'의 한계를 두고 한 말이다.

'이성'이라는 말로 표현되는 서구의 '도구적 합리성'과 달리 '도'라는 낱말로 표기되는 동양적 사고 논리는 '내실적 합리성'을 보여주는 예로 볼 수 있다. 동양적 관점에서 볼 때 아무리 좋은 방법도 그 자체에 얽매일 필요가 없다. 중요한 것은 방법, 도구, 수단이 아니라 목적, 내용, 실속이다. 냇물 속에서 노는 물고기의 의식 상태에 대한 인간의 인식 근거에 대해 서양적 논리로써는 풀어낼 수 없는 논리학자였던 혜자(惠子)의 실속 없는 궤변을 일축한 장자의 확신은 바로 '내실적 합리성'이 '도구적 합리성'의 상위에 있음을 말해주려 한 좋은 예다. 이런 시각에서 볼 때 '도'로 표기되는 동양의 사고 논리의 특징은 '합리성의 비합리성'이라는 마르크스적 표현을 뒤집어 '비합리성의 합리성'이라는 역설적 말로 기술할 수 있다. '위무위 사무사 미무미(爲無爲 事無事 味無味)', 즉 "행하지 않음을 행하고 경영하지 않음을 경영하고 맛 안 봄을 맛본다"라는 말 또는는 '지부지상 부지지병(知不知上 不知知病)', 즉 "알면서도 알지 못함이 상이고, 알지 못하면서도 안다는 것은 병이다"라는 노자의 말은 바로 이러한 동양적 역설 논리의 깊이를 웅변으로 표현해주는 좋은 예가 된다.

가치 개념으로서의 도와 이성

'세계관'이 객관적 존재에 대한 우리의 믿음을 지칭한다면 그러한 세계관은 우리의 사고 양식·논리 구조와 상대적 관계를 갖는다. 우리의 인식 구조를 떠나 절대적으로 독립된 객관적 실체·존재라는 개념은 논리적으로 공허하다. 바꿔 말해서 우리가 발견했다고 믿고 있는 객관적 세계는 사실인즉 우리들에 의해 제작된 우리들의 작품이다. 위에서 본 동서 철학에 내포된 존재론의 차이도 결국은 동서 철학 속에 깔려 있는 동양인과 서양인 간의 사고 양식·논리 구조의 차이를 반영한다. 이러한 사고 양식이나 논리 구조 그리고 그러한 것과 분리해서 생각할 수 없는 세계관은 인생관이라는 개념으로 표현할 수 있는 가치관과 뗄 수 없다. 예컨대 도와 이성이라는 개념으로 구별할 수 있는 동서 철학의 차이와 관계는 동서인의 인생관의 차이와 관계의 형태로 나타난다.

첫째, 동서 철학에 담겨 있는 인생관의 차이는 우선 생태중심주의ecocentrism와 인간중심주의anthropocentrism라는 용어로 기술될 수 있다. 그것들은 각기 우주·자연 속의 인간의 위상에 대한 입장을 나타낸다. 동양의 인간관은 어디까지나 자연주의적이다. 인간이 자연 만물의 일부로서 그 전체 속에서 한 고리를 차지할 뿐이라는 것이다. 이러한 인간관은 '생태학적ecological'이라는 최근 새롭게 생긴 개념으로 가장 적절히 명명된다고 믿어진다. 생태학적 인간관은 노장 사상에서 가장 뚜렷하게 나타나지만 공맹 사상이나 힌두교, 불교에서도 근본적으로 마찬가지다.

동양의 생태학적 인간관은 서양의 인간 중심적 세계관과 대조된다. 서양적 관점에서 볼 때 인간은 우주의 중심이다. 인간이 신의 유일한 아들로서 지구를 소유하고 이용할 권리가 있다는 신념이 서양 종교의 핵심을 차지한다. 이런 인간관이 종교에서 볼 수 있는 이상 서양 철학의 인간관을 대표하지 못한다고 양보하더라도, 그러한 인간관은 플라톤 이래 후설로 계승된다. 이들에 의하면 인간의 유일한 특수성과 고귀성은 오로지 인간만이 유일하게 이성이라는 속성을 갖고 있기 때문이다. 데카르트의 '생각하는 존재로서 자아'나 칸트 혹은 후설의 '선험적 자아 transcendental Ego'도 인간의 특수한 이성적 속성을 표기하는 개념들로서 인간 중심적 사고를 반영한다. 이와 같은 서구 사고의 핵심을 형성하는 인간 이성의 실체를 부정하는 하이데거나 사르트르도 인간을 각기 '현존재Dasein'와 '대자l'être-pour-soi'로 정의할 때 역시 철학적으로 인간중심주의를 고집하고 있다. 이 두 가지 경우 모두 인간, 오직 인간만이 언제나 초월적transcendent으로 인식된다. 이런 점에서 인간은 만물에 군림하고 그러한 한에서 우주 전체는 인간 중심적으로 보이고 있다. 지동설의 철학적 의미를 말하면서 비록 지구가 물리적으로는 우주의 중심이 아니지만 형이상학적으로는 여전히 우주의 중심으로 남아 있다라는 유명한 헤겔의 명제는 서양적 사유에서 인간 중심적 사고가 얼마나 깊게 뿌리박고 있는가를 잘 말해준다.

둘째, 하나의 인간관은 인생에 대한 하나의 태도를 결정한다. 동양의 생태학적 인간관은 그것과 일관된 자연과 인생에 대한 태도를 낳는다. 그것은 자연과 인생에 대한 노장의 '소요(逍遙)'적 태도와 이태백이 그의 시에서 나타낸 관조적 태도로 표현된다. 노장의 무정부적 자연주의와 극도로 대립하는 정치와 사회의 도덕주의를 제창한 공자가 자신도 사적으로는 도교를 믿는다고 고백한 것은 결코 말의 실수가 아니다.

동양은 타자와 완전히 분리된 자아를 믿지도 않고 그러한 자아의 확장을 의미하는 무한한 욕망 충족을 가장 중요한 삶의 가치로 여기지도 않는다. 가장 귀중한 어떤 한 가지만을 고집하지도 않는다. 동양적 삶의 태도는 물길 따라 떠가는 배처럼 '도'를 따라, 사물 현상과 상황의 율동에 따라 모를 내지 않고 부드럽게 흘러가면서 자연 나아가서 우주와의 조화를 마련하는 평화적이고 유연성 있는 자유를 최고의 가치로 삼는다. 동양의 삶에 대한 태도가 자연과의 화해적 태도를 나타내고, 동양인이 추구하는 최고의 가치가 그러한 결과로 나타나는 평화와 자유의 내면적 체험인

데 반해서 서양의 삶에 대한 태도는 자연에 대한 도전으로 나타나고, 서양인이 추구하는 궁극적 가치는 각기 자신의 무한한 욕망을 지치지 않고 추구하며 충족시키는 데 있다. 서양인에게 자연이 정복의 대상이라는 사실은 성서에 나타난 자연 및 인간관 말고도 플라톤에서 정착되기 시작한 서양 철학의 철저한 분석적 태도나 그러한 태도의 결과로서 생긴 과학 지식 특히 과학 기술의 지속적 발달에서 잘 나타난다. 서양인의 가치관은 파우스트의 태도에 나타난 만족을 모르는 도전적인 지적 탐구 정신, 즉 '이성적 욕망'으로 상징된다. 그러나 누군가의 말대로라면 서양의 파우스트는 밖에는 싱싱한 풀이 가득한데도 불구하고 방 안에 들어앉아 시들고 메마른 풀만 뜯어 먹고 있다는 생각이 든다.

맺음말

동서 철학의 특징을 '도'와 '이성'이라는 두 개념으로 양분하고 그런 틀에서 그것들을 각기 세 측면에서 비교 검토한 결과에 근거가 있다면 그것들에 대한 각각의 독립된 평가와 그것들 간의 관계를 어떤 식으로 요약할 수 있는가?

동양의 순환적이고 미학적인 세계관과 수동적이며 관조적 인생관은 내면적 평화를 가져오지만 개혁과 진보에 대한 의욕을 불가능하게 하거나 무의미하게 하며 동양인의 시적 사고방식은 미학적 만족을 주지만 과학적 사고의 틀에 맞춘 물질적 개발을 불가능하게 함으로써 침체적 사회를 초래했고, 동양인의 관조적 인생관은 정신적 만족을 마련했지만 물질적 빈곤과 물리적 패배를 모면할 수 없는 결과를 낳았다. 반면 서양의 목적론적이고 기하학적 세계관은 세계에 대한 이해를 투명하게 하는 데 기여했지만 있는 그대로의 세계를 왜곡시키는 결과를 낳았으며, 서구인의 직선적이며 분석적 논리는 과학을 낳아 자연을 정복하고 개발함으로써 근시적이고 미시적으로 볼 때 인간의 물질적 복지에 놀라운 기여를 했지만, 원시적이고 거시적으로 볼 때 생태계의 파괴라는 시각에서만이 아니라 인간 자신의 복지라는 측면에서도 결정적인 파멸의 원인이 될 위협을 담고 있다는 사실은 이제 누구나 잘 의식하고 있는 바이다.

라이프니츠는 주자학과 접촉이 있었고, 헤겔이나 쇼펜하우어 그리고 니체는 힌두교나 불교에 약간의 지식이 있었다지만 그것은 극히 기초적인 것에 불과했다. 두 문화권의 상대적으로 동등한 철학적 교류가 거의 없었다는 말이다. 교류가 있었다면 그것은 진정한 의미의 교류가 아니라 서구로부터 동양으로 향한 일방적인 흐름과 동양에 의한 수용이었다. 이러한 사실에는 서구인들의 태도와 뗄 수 없는 관계를 갖고 있다. 최근까지만 해도 대부분의 서구 사상가들은 서양 철학의 우월성을 추호도 의심하지 않았다. 그들은 오직 서양 철학만이 지적으로 성숙한 사고를 나타내는 것으로 확신해왔다. 이러한 상황에서 동양 철학자들은 서양의 '합리적' 사고의 피상성을 오직 인상적 차원에서 지적하면서 서구인이 미칠 수 없는 동양적 사유의 깊이를 은근히 고집하고 있을 수밖에 없었다.

그러나 파크스가 지적하듯이 지난 약 반세기에 걸쳐 가령 하이데거, 메를로 퐁티, 데리다 등의 철학에는 이른바 반서구적·동양적 요소가 짙게 나타나 있다.[8] 최근 세계의 사조 전반에 큰 바람을 일으키고 있는 이른바 '포스트모더니즘'은 바로 이러한 새 사조를 반영하는 서양 철학에 대한 근본적이고 일반적인 반성의 징조로 분석될 수 있다. 아울러 동양 철학에 대한 관심과 동서 철학을 비교하고자 하는 시도는 직업적 서양 철학자들 가운데도 늘어나는 추세이다.[9] 이러한 사실은 동양 철학의 가치가 재검토되어야

---

8 Graham Parkes, ed., *Heidegger and Asian Thought*, Honolulu : University of Hawaii Press, 1987, pp. 1~5.

하며 동서 철학이 서로 대화를 통해 보완될 수 있음을 시사한다. 여기서 우리는 동서 문화의 만남 이래 동양 철학이 서양 철학에 끌리고 밀리고 비판되었지만, 바로 그러한 서양 철학은 동양 철학의 관점에서 재조명, 재비평되고 동양 철학에 의해 대치되거나 아니면 크게 보완되고 극복되어야 함을 강조해야 한다.

---

9 한 예로 Eliot Deutsch, ed., *Culture and Modernity: East-West Philosophic Perspectives*(Honolulu: University of Hawaii, 1991)에서 동과 서의 철학적 대화의 시도가 활발히 진행되고 있음을 볼 수 있다.

참고 도서

盧台俊 譯, 『老子』, 弘新文化社, 1976.

金東成 譯, 『老子』, 乙酉文化社, 1963.

福井康順, 「道教研究の基礎的 諸問題」, 『東方宗教』 第25號, 日本道教 學會, 1965.

根本誠, 「老子の否定論理の構造に就りて」, 上同 第24號, 1964.

金谷治, 「無爲と因循」, 上同 第23號, 1964.

Arthur Danto, *Mysticism and Morality*, Harper & Row, 1972.

Chan Chan-Yuan, *Creativity and Taoism*, Harper & Row, 1963.

Fung Yu-lan, *A Short History of Chinese Thought,* The Macmillan, 1966.

H. G. Creel, *Chinese Thought*, The New American Library Inc., 1953.

Herbert Giles, Chuang Tzu, *Taoist Philosopher and Mystic*, Allen & Unwin, 1961.

Max Kaltenmark, *Lao Tzu et le taoisme,* Editions du Seuil, 1965.

James Legge, *The Text of Taism*(Part I · II), Dover Publications Inc., 1962.

Lin Yutang, *The Wisdom of China and India*, Random House, 1952.

F. C. Northrop, *The Meeting of East and West*, The Macmillan, 1946.

Arthur Waley, *Three Ways of Thought in Ancient China*, Doubleday, 1956.

Holmes Welch, *Taoism*, Beacon Press, 1966.

찾아보기